EDITORA DO CONHECIMENTO

Auxiliando a humanidade a encontrar a verdade.

Introdução ao Espiritualismo

Introdução ao Espiritualismo

Eneida de Almeida

CONHECIMENTO EDITORIAL LTDA.
Rua Prof. Paulo Chaves, 276 - Vila Teixeira Marques
CEP 13480-970 – Limeira – SP
Fone/Fax: 19 3451-5440
www.edconhecimento.com.br

Revisão:
Mariléa de Castro
Projeto gráfico:
Sérgio Carvalho
Ilustração da Capa:
Banco de imagens

ISBN 978-85-7618-242-9 – 2ª Edição - 2011
• Impresso no Brasil • Presita en Brazilo

Dados Internacionais de Catalogação na Publicação (CIP)
(Câmara Brasileira do Livro, SP, Brasil)

Almeida, Eneida de
Introdução ao Espiritualismo / Eneida de Almeida – 2ª. edição –, Limeira, SP: Editora do Conhecimento, 2011. (Coleção: Pequenos e Notáveis - O livro de bolso da Conhecimento)

ISBN 978-85-7618-242-9

1. Espiritualismo 2. Reencarnação 3. Carma 4. Evolução I Título. II Série.

05-9401 CDD – 133.93

Índice para catálogo sistemático:
1. Romance espírita : espiritismo 133.93

Eneida de Almeida

INTRODUÇÃO AO ESPIRITUALISMO

2ª edição
2011

PEQUENOS E NOTÁVEIS
O livro de bolso da Conhecimento

EDITORA DO CONHECIMENTO

Coleção "Pequenos e Notáveis" o livro de bolso da Conhecimento.
Títulos publicados:

• O Castelo Encantado
• Trilogia - Sob Império das Trevas:
O Terrível Fantasma (livro 1)
No Castelo Escocês (livro 2)
Do Reino das Trevas (livro 3)
• Ksenia
• O Paraíso sem Adão
• Episódio da Vida de Tibério
• Narrativas Ocultas
• Mistérios e Magias do Tibete
• Nefertiti
• A Sacerdotisa da Esperança
• Introdução ao Espiritualismo
• Viagem Astral
• Cyrne, história de uma fada
• A Força da Vida

Este livro é dedicado aos meus filhos, noras e netos, assim também como a todos que me são caros, familiares e amigos.
Foi a maneira que encontrei de partilhar experiências de vários anos e fazê-las chegar aos meus semelhantes. Desejo sinceramente que possa ser de utilidade a cada um, despertando um pouco mais o interesse pela realidade espiritual da vida.

Sumário

Explicação preliminar

Algumas pessoas desejam adentrar o terreno do espiritualismo, conhecer melhor o assunto, e não sabem por onde começar.

A idéia ao escrever este livro é introduzir o pensamento do leitor à área espiritualista de uma forma ordenada e gradual, focalizando pontos básicos.

Os assuntos relacionados ao espírito estão distribuídos por uma bibliografia bastante grande, que hoje é encontrada com facilidade. Quando se busca algo para ler, ou aprender um pouco mais sobre esse tema, de início é difícil selecionar os textos adequados, confiar nos critérios variados das diversas doutrinas que se confundem nas prateleiras das livrarias e muitas vezes parecem entrar em choque.

O caminho proposto neste trabalho é guiar o raciocínio, para que o leitor possa por si mesmo tirar conclusões e futuramente aventurar-se a vôos mais altos, em pesquisas mais profundas no campo da espiritualidade.

Este é um assunto fascinante com o qual venho me ocupando por mais de vinte anos.

Longe de mim pensar que esse tempo de estudo possa trazer todas as respostas, num terreno em que, quanto mais se avança, mais se percebe que a estrada à frente é infinitamente maior do que a pequena extensão já percorrida. Compreendemos, com humildade e sem comparação, as palavras de Sócrates quando afirmou: "Só sei que nada sei!", apesar de ter sido um dos luminares do conhecimento e da filosofia. É extremamente profundo o campo do espiritualismo e não dispomos, como seres limitados que somos, de condições para abrangê-lo como poderíamos desejar.

Muita coisa entretanto pode ser vislumbrada, mesmo na nossa restrita condição humana. Podemos entender o suficiente para dar à vida um sentido mais lógico e direcionado, ao mesmo tempo em que também podemos torná-la mais compensadora e feliz.

Basta o desejo sincero de avançar, de conhecer mais, de sair de possível acomodação em velhas teorias que não ajudaram e nem funcionaram até agora no sentido de dar respostas convincentes às nossas indagações mais profundas. É preciso buscar os caminhos adequados, pois as conquistas humanas em todos os níveis sempre vieram do esforço para se chegar aos objetivos.

Como venho procurando respostas às questões existenciais por longo tempo, chegou um momento em que as evidências da continuidade da vida após a morte física, ***com todas as suas implicações e conseqüências***, tornaram-se tão fortes que senti a necessidade de compartilhar os resultados obtidos com minhas leituras e pesquisas. O intuito é ser útil, mesmo que limitadamente, aos que não tenham encontrado seu rumo espiritual ou que não tenham suas idéias neste campo muito definidas.

Trata-se de simples introdução ao campo tão vasto do espiritualismo, compreendido neste caso de modo amplo, abrangendo genericamente aquilo que diz respeito à vida espiritual. Ficarei feliz se conseguir transmitir a idéia de que uma realidade bela e confortadora nos aguarda após esta vida, compreensão que poderá tornar a presente existência mais amena, mudando eventuais perspectivas de uma velhice que poderia ser triste em algo melhor, com esperanças e alegrias.

Proponho uma caminhada pelas vias do pensamento, à procura de um verdadeiro sentido para a existência humana. Iremos descobrindo as estradas que pouco a pouco nos revelarão perspectivas existenciais talvez não percebidas na rotina do tumultuado viver diário. No turbilhão dos afazeres de toda ordem, muitas vezes não deixamos espaço para as reflexões de cunho espiritual, tão necessárias ao equilíbrio do ser humano.

Naturalmente parto do princípio de que somos algo além de nossa parte física, de um mero aglomerado de células, o que procurarei tornar claro no correr destas páginas. Entendo que o ser humano é um conjunto complexo envolvendo espírito e matéria, ou melhor dizendo, provisoriamente matéria e eternamente espírito. Assim, necessita cuidar das duas facetas do seu ser, dando a cada uma o que lhe é devido.

Somos seres dotados de potencial imenso, em vias de desenvolvimento, porém desconhecido ainda da maioria das criaturas e apenas entrevisto por uma minoria bastante restrita. Geralmente não conhecemos a nós mesmos. Conhecer-nos melhor é o caminho para desvendarmos nosso destino, nossas imensas possibilidades e o futuro esplendoroso que nos aguarda.

Capítulo 1

Jornada interior

Ocupamos na vida uma determinada posição ideológica, social, econômica etc., que nos situa de maneira agradável ou desagradável perante a realidade. Julgamo-nos felizes ou infelizes, realizados ou fracassados, ou talvez nem tenhamos nos dado conta do que realmente sentimos. Mas todos em geral queremos de algum modo encontrar uma situação de felicidade interior e exterior.

Desde que nascemos nos identificamos com o mundo à nossa volta, vamos absorvendo as idéias que nos são transmitidas, primeiramente por nossos pais e depois por meio de todos os tipos de informações que nos chegam. Acrescentamos a isso nossa percepção individual das coisas. Existe um padrão social ao qual nos acostumamos e parece que vivemos durante muitos anos direcionados por uma espécie de consciência coletiva que nos impinge seus valores, aos quais nos escravizamos, docilmente atrelados ao carro das convenções estabelecidas. Vestimo-nos conforme os costumes do momento, comemos nos horários estipulados (e geralmente as comidas já determinadas), aprendemos na escola as matérias convencionais, comemoramos os aniversários, viajamos nos feriados, aprendemos uma profissão, buscamos ser economicamente bem sucedidos, seguimos possivelmente a religião de nossos pais etc... É possível até que muitos, sem se dar conta, sejam levados a pensar conforme pensa a maioria, seguindo um padrão de conveniência para evitar maiores conflitos com o meio.

Assim vem caminhando a humanidade há milênios. Os homens nascem, crescem e morrem, de um modo geral baseados nesses padrões.

O progresso verdadeiro, no entanto, é sempre acelerado por aqueles que se destacam das massas, impulsionados por seus ideais, movidos por seu gênio e visão superior. Porém a maior parte dos indivíduos segue sua rota tentando pisar nas pegadas dos que os precederam, buscando viver razoavelmente, progredir se possível, gozando ao máximo os prazeres que a vida lhes possa proporcionar. Evidentemente nem todos podem ser gênios e nem têm condições de sobressair entre as multidões, o que absolutamente não é o mais importante. Importante é viver bem, dando à existência um significado verdadeiro e alcançando os objetivos pelos quais estamos neste mundo. Isto todos poderiam fazer, mas poucos realmente fazem.

Podemos iniciar nossa caminhada espiritual dando um mergulho em nosso interior, tentando analisar-nos em profundidade, procurando definir o significado que damos ao viver e quais são nossos objetivos.

Até que ponto somos realmente conscientes do verdadeiro sentido de nossa vida? Já nos perguntamos sobre o *porquê* das diferenças entre os seres humanos? Por que sofremos? Já nos dispusemos a parar para pensar no *porquê* da nossa existência? Simplesmente vivemos como tantos outros, trabalhando, fazendo o que a maioria faz, sem maiores preocupações, sem metas superiores a atingir, sem nada de mais elevado com que se preocupar, apenas cuidando dos interesses da vida material?

Poderia ser perguntado que mal há nisso...

Realmente nenhum mal, pois assim se comportam quase todos. Mas poderia ser melhor, porque nossa vida poderia ter um sentido mais pleno, consistente, gratificante e satisfatório.

A ocupação comum e rotineira em nada deprecia o homem. Mas se, por exemplo, compararmos o desempenho de duas pessoas que de modo semelhante levam suas vidas dentro de estrutura familiar parecida, que trabalham, são honestas, têm seu lazer, comem, dormem, procriam, podemos encontrar diferenças fundamentais nas suas motivações existenciais, assim como no nível de satisfação interior de cada uma.

Esse é o âmago da questão: a ***motivação*** – ***o que*** nos leva a agir de determinada forma e não de outra. Sem dúvida, um ***objetivo definido a guiar-nos***, a compreensão mais realista do verdadeiro papel que desempenhamos na vida, o conhecimento mais profundo de nós mesmos, darão peso diferente aos nossos atos, darão força, coragem e ânimo, oferecendo sentido à existência e libertando-a do tédio de uma rotina sem maiores horizontes.

Narra-nos o Evangelho de João que em certa ocasião, quando Jesus escolhia seus discípulos e alguns começaram a seguí-lo, o Mestre Nazareno voltou-se para eles e perguntou: – ***Que buscais***?[1]

Detenhamo-nos um pouco nesta pergunta singela e a transportemos para nossa vida no dia de hoje, na situação em que nos encontramos. Se nos fosse formulada essa questão e fôssemos buscar a resposta no fundo de nosso ser, procurando então definir honestamente o que almejamos da existência, saberíamos responder?

Se soubermos quem somos e com que finalidade existimos, estaremos no caminho para saber o que buscar e toda a nossa vida facilmente se dirigirá para esse alvo.

Analisando nosso viver, poderemos verificar freqüentemente um grande paradoxo: por um tempo lutamos, nos esforçamos, sofremos, constituímos família, aprendemos com experiências, podemos até mesmo construir fortunas — mas, e depois? O que é feito de tudo isso? O que restará para nós após todo um período de conquistas muitas vezes

1 Novo Testamento — João 1: 38.

suadas e dolorosas? Que acontecerá com nossos objetivos se eles estiverem condicionados apenas a uma desejável mas impossível juventude eterna, ou à conquista de uma fortuna que não nos seguirá ao túmulo, ou também a um desejável mas impossível usufruto permanente de todas as nossas conquistas materiais? Os dias passam, a velhice chega. A morte nos espera. Não podemos nos subtrair a ela.

Normalmente, a ilusão do mundo material – que os orientais chamam de *maya* – leva-nos facilmente a concentrar a razão de todos os nossos esforços em conquistas do mundo físico. Mas por mais que trabalhemos, conquistando sólido patrimônio ou nos destacando na área da ciência, do desenvolvimento intelectual, da fama (para gozar os louros do sucesso), no fundo de nós mesmos restará um vazio... algo que falta ser preenchido..., algo que o mundo físico não pode oferecer-nos. Por isso nunca estamos satisfeitos e sempre queremos mais.

Tal acontece porque não somos provisórios como o mundo material. Os estudos no campo do espiritualismo levam-nos a crer, sem sombra de dúvidas, que há em cada um de nós um princípio imortal. Somos espíritos eternos. Segundo se deduz pela própria lógica, o que é provisório não pode satisfazer ao espírito que é eterno. Somente valores de natureza eterna podem trazer-nos uma realização plena e dar um sentido completamente satisfatório à nossa vida.

É importante para o ser humano parar e pensar sobre o verdadeiro significado de sua existência terrena, porque ela é muito breve. ***Quais são nossas reais pretensões em relação ao futuro***?

Poderemos dizer que deixaremos nossas conquistas para nossos filhos; mas e nós mesmos? De que nos serviu o esforço? Seremos reduzidos a nada? Desapareceremos, ou continuaremos existindo em alguma outra forma? Iremos para o tão propalado céu, inferno ou purgatório? Dormiremos um sono eterno ou reencarnaremos, como tantos acreditam?

As pessoas parecem viver sem preocupação com estas indagações, mas elas são, queiramos ou não, parte intrínseca do nosso destino, no qual há um futuro desconhecido que pode estar muito mais próximo do que imaginamos.

Esta reflexão é muito importante e inicia a pesquisa espiritual que nasce da necessidade de saber, de conhecer um pouco mais a vida, a nós mesmos e ao que nos espera.

Repetimos com o grande teósofo C. Jinarajadasa:

> (...) a constituição de nossa natureza é tal que necessitamos perguntar, e não poderemos achar satisfação na vida senão quando tivermos encontrado uma resposta para as nossas perguntas. É bem possível que a resposta de ontem não nos satisfaça hoje; mas não podemos estar contentes hoje, a não ser que encontremos alguma resposta para hoje, embora a rejeitemos amanhã.[2]

Responder com bom senso às questões fundamentais da existência poderá trazer modificações surpreendentes na maneira de direcionarmos nossos passos e conduzirmos nossa vida.

Freqüentemente os homens não gostam de pensar sobre estes assuntos porque eles incomodam, induzem a mudanças que de modo oportuno poderiam ficar para depois e só param para refletir quando o aguilhão da dor os fustiga, ou quando a velhice, com sua escassa perspectiva futura, os leva a uma busca desesperada de sobrevivência. Então o tempo perdido em caminhos tortuosos não pode ser recuperado e sobra o vazio, a desesperança e a gelidez em corações amargurados.

Quando chegamos a compreender a existência de um verdadeiro propósito para nossa vida, ainda que de forma incompleta, naturalmente todo nosso viver tende a moldarse dentro de novas estruturas, mais coerentes com a ver-

---

2 JINARAJADASA, C. *Fundamentos de Teosofia*. São Paulo, Pensamento, s.d. p. 195

dade percebida. Estabelece-se uma completa mudança de valores e objetivos, dando à vida um sentido mais positivo, com esperança e felicidade. Antigas crenças muitas vezes se esfacelam na corrida que empreendemos na busca do novo alvo desejado, que passa então a assumir a preponderância no campo dos nossos interesses. Este alvo é o "tesouro escondido", ou a "pérola de grande valor", tão bem figurados por Jesus de Nazaré há dois mil anos em suas parábolas[3].

Onde buscar então essa plenitude que nos satisfaça, esse *tesouro* de que falou Jesus?

Essa busca se faz importante, mas o achado não é fácil. É necessária a disposição de avançar ao encontro desse objetivo. Mais uma vez podemos recorrer à grande sabedoria de Jesus, quando no memorável Sermão da Montanha disse: "Pedi, e dar-se-vos-á; buscai e achareis; batei e abrir-se-vos-á. Porque aquele que pede, recebe; e, o que busca, encontra; e ao que bate, se abre."[4]

Buscar não é lei de menor esforço, não significa passividade. Implica atitude corajosa e ativa, dedicação e reserva de tempo. Essa busca está diretamente relacionada com nosso futuro.

Se fosse o caso de necessitarmos programar uma longa viagem para algum país longínquo, naturalmente nos prepararíamos para tal, até mesmo aprendendo a língua desse país, estudando seus costumes, aprovisionando-nos de roupas adequadas, deixando também as coisas no nosso lugar de origem organizadas para que os que ficam não tenham problemas. No entanto, queiramos ou não, estamos com uma viagem marcada para uma dimensão bastante diferente daquela em que vivemos. A moeda aquisitiva não é a mesma a que estamos acostumados. Nessa dimensão a hospedagem vai ser longa e as condições de nossa estada vão depender de nós mesmos. Poderão ser excelentes ou terrivelmente ruins.

---

3 Novo Testamento — Mateus 13: 44-46.
4 Novo Testamento – Mateus 7: 7, 8.

Quando será essa viagem? Alguém pode dar uma resposta exata? Daqui a dez, vinte, trinta, cinqüenta, setenta anos; ou será hoje mesmo, amanhã, depois, daqui a um mês ou dentro de alguns minutos? Que preparação temos para embarcar rumo a esse destino desconhecido e indeterminado com relativa tranqüilidade? A verdade é que esse momento pode pegar-nos de surpresa.

Qual seria então o preparo certo e bem planejado para tão estranha aventura?

Normalmente temos a resposta dentro de nós, basta que a procuremos.

Talvez o primeiro passo seja conhecer o país de nosso destino; ou melhor, antes de conhecê-lo, é importante definir para que local desejamos ir, para então conhecê-lo mais a fundo e nos prepararmos de forma adequada.

Realmente não vamos todos a um mesmo lugar. Não seria justo. São diferentes as situações das pessoas nessa última romagem.

Lembramos ainda palavras de Jesus: "Na casa de meu Pai há muitas moradas; se não fosse assim eu vo-lo teria dito; vou preparar-vos lugar".[5]

Surge então uma pergunta: Qual é o lugar de nosso destino? A escolha depende de cada um. Desejamos um lugar onde teremos muita alegria e felicidade? Desejamos um lugar semelhante a este em que vivemos na Terra ou nos conformaríamos com um local bastante desagradável e permeado de sofrimentos?

Temos a possibilidade de fazer a escolha e comprar a passagem. O preço é diferente conforme o destino pretendido. O lugar melhor custa mais caro. Mas se analisarmos com bom senso, poderemos ver que esse "alto preço" não quer dizer ***inacessível***; não é tão difícil conseguir o necessário. Ficaríamos até surpresos ao perceber que essa quantia facilmente pode ser obtida com bastante tranqüilidade e mesmo com satisfação. Algumas mudanças talvez sejam necessárias.

5 Novo Testamento – João 14: 2.

Seria preciso abrir mão de algumas coisas que não nos fazem falta alguma, como o egoísmo, o orgulho, a avareza, o comodismo e alguns outros tipos de comportamento perfeitamente dispensáveis. Precisamos encher o coração de amor, alegria, esperança, fé. Sobretudo precisaríamos aprender a compartilhar o que pudermos, abnegadamente. Isto é bom, dá felicidade à alma, felicidade que não pode ser tirada; sobretudo vai contribuindo para a reserva de um "hotel de primeira classe".

Deixando de lado o tom de brincadeira para tratar de assuntos sérios, podemos lembrar que estas recomendações não são apenas normas cristãs, mas fazem parte dos ensinamentos das várias religiões do mundo.

A receita é fácil, o difícil é ***fazer***.

Mas afinal, não disse Jesus: "Pois que aproveitaria ao homem ganhar todo o mundo e perder a sua alma?"[6]

Então repetimos, esperando que seu coração possa responder com sinceridade: "Que buscais?"

6 Novo Testamento – Marcos 8: 36

Capítulo 2

Muitos caminhos e a busca da verdade

A busca da Verdade sempre foi interesse de praticamente todos os homens com relativo potencial de inteligência, mas de um modo especial foi a busca dos homens de gênio, dos grandes filósofos e líderes religiosos, assim também como a ciência sempre a buscou.

Mas de que *Verdade* falamos?

Diz Iogue Ramacharaca: "Meditemos sobre a idéia de que a Verdade é universal e que ninguém, seja pessoa ou organização, não tem, nunca teve, nem terá um monopólio de possuir a Verdade. Há Verdade em todos os ensinamentos – mas nenhum deles tem a Verdade TODA."[1] – Cita também o ***Rig-Veda***: "Há uma só verdade, embora os homens lhe dêem vários nomes".

Na procura da Verdade as pessoas seguem caminhos diversos e cada um de nós, a seu modo, segue a própria trajetória conforme sejam as inclinações pessoais.

Quanto a mim (hoje entendo que não foi simplesmente por acaso), fui levada nessa busca a beber em muitas fontes diferentes de ensinamentos, antes de chegar ao ponto em que me encontro. Sinto possuir hoje uma compreensão melhor da realidade espiritual, se comparar com a condição em que me encontrava no início desta peregrinação. Pude

1 RAMACHARACA, I. ***As Doutrinas Esotéricas das Filosofias e Religiões da Índia***. São Paulo, Pensamento, 1978, p. 25

perceber, como muitos perceberam, que a diversidade de teorias, doutrinas e religiões, são estradas que nos levam ao mesmo fim: o aperfeiçoamento espiritual. Com nomes diferentes e variadas formas de expressão, estão veladas as mesmas verdades, ou melhor dizendo, parcelas de uma só e grande Verdade Universal que não é privilégio de ninguém possuir integralmente, como sugere a citação acima.

Quando se fala em "verdade", devemos considerar que ela não se restringe ao mundo material e visível, mas tem uma contraparte muito maior, invisível e mais importante, pertencente a um mundo espiritual ao qual nosso acesso, como seres terrestres, é muito limitado.

Diz Ângela Maria La Sala Batà em seu livro ***À procura da Verdade*** – "Não devemos esquecer que, enquanto usarmos meios que pertencem ao mundo do relativo para conhecer a Verdade e o Absoluto, obteremos resultados relativos e parciais". [2]

A descoberta da realidade existente em outras dimensões requer métodos diferentes de pesquisa. Mas sempre será compensador todo esforço, porque sem algumas respostas a perguntas fundamentais sobre a existência, esta perde o sentido e corremos o risco de permanecer em uma cômoda inconseqüência, que mesmo calçada em involuntário desconhecimento do assunto, cobrará um dia o seu preço.

A procura sincera do autoconhecimento parece ser necessidade imprescindível a cada criatura na Terra e elemento essencial para o progresso espiritual da humanidade. Parece mesmo que essa procura é a atitude de maior bom senso que uma pessoa possa ter, quando adquire consciência de si mesma.

Sócrates encontrou no pórtico do Templo de Delfos o grande desafio: "Homem, conhece-te a ti mesmo". Até hoje permanece válida essa questão, renovando-se em permanente instigação à consciência de cada um.

---

2 BATÀ, A. M. L. S. *À Procura da Verdade* . São Paulo, Pensamento, 1984, p. 15

O ser humano não deveria, como acontece com freqüência, viver alheio, em significativo desconhecimento de sua própria pessoa, sem jamais tentar decifrar o enigma de sua existência. Seria bom que se esforçasse por fazê-lo. Para isso pode usar o bom senso e o raciocínio, se o acesso às informações mais profundas lhe é restrito. É o mínimo a fazer para facilitar seu bom desempenho nesta excursão no planeta que o acolhe.

Sempre houve, desde os mais remotos tempos, grandes inteligências, grandes seres, que nos deixaram um legado considerável para a condução do espírito em sua procura pela verdade. Temos disponíveis textos preciosos nas diversas filosofias e religiões.

Ainda que encontremos apenas parte das respostas que procuramos, será suficiente para a transformação de nossas vidas dentro de rumos mais justos e harmoniosos.

Quais os meios de que dispomos para penetrar o misterioso universo da verdade?

Seria interessante que o leitor encontrasse por si a resposta. É importante sua participação. Qual seria o processo realmente válido? Antes de prosseguir tente expressar sua opinião.

Penso que existem alguns caminhos possíveis para análise: o caminho da mente, a experiência, a revelação, a intuição e a vivência direta.

A *mente* nos levará aos raciocínios lógicos que poderão trazer respostas corretas a muitas indagações, porém não a todas. Também nos auxiliará na seleção das informações que nos chegam de diversas formas. Muitas são as teorias e doutrinas encontradas no nosso mundo que podem ser pesquisadas, e somente a ausência de preconceitos poderá levar-nos a uma análise isenta e a conclusões verdadeiras, dentro do discernimento correto. A mente é sem dúvida um grande instrumento na busca da verdade. No entanto sempre estaremos sujeitos às suas limitações.

A *experiência*, que vamos adquirindo em nosso viver

diário, nos relacionamentos, no trabalho e principalmente no sofrimento e na dor, geralmente nos conduz para mais perto da realidade dos fatos e de seu verdadeiro sentido. A experiência, quando bem aproveitada, é grande provedora da sabedoria e do conhecimento. No entanto é também limitada, como são limitadas nossas possibilidades de atuação na vida e nossa participação nos variados setores da atividade humana.

Tanto a mente como a experiência caminham paralelamente aos rumos da ciência e vão se estruturando nas constatações por ela encontradas, solidificando suas conclusões. Existem outros campos mais sutis de conhecimento, que a ciência ainda não desvendou oficialmente, como por exemplo o setor da espiritualidade, embora grandes sábios e cientistas, isoladamente, muitas vezes se aventuraram por estes caminhos.

Que podemos dizer sobre a *revelação*? – A revelação parte do pressuposto de admitirmos que informações confiáveis nos podem ser trazidas por seres com maior conhecimento do que nós mesmos, quer sejam seres de outra esfera de vida, digamos, de um mundo espiritual, ou seres humanos possuidores de alto grau de sabedoria, que de alguma forma têm ou tiveram acesso a verdades não conhecidas dos homens em geral. Para muitos, esta pode ser uma fonte valiosa de esclarecimentos, embora não aceita por todos. De qualquer forma será preciso saber discernir, pois muitos foram os arautos da Espiritualidade que estiveram sobre a Terra, trazendo doutrinas diversas, adequadas a épocas, povos e lugares. Foi sempre a mesma verdade universal, filtrada em doses apropriadas às necessidades específicas de cada momento.

Apesar das muitas diretrizes espirituais de que dispomos em nossos dias, quando o progresso científico e intelectual da humanidade alcança níveis expressivos, vemos as mais diversas filosofias e religiões dividindo os povos e levando-os a lutas armadas que contradizem suas próprias crenças. Por isso, repetimos, é necessário o discernimento correto e a ausência de preconceitos para que possamos buscar verdade onde se encontre, a luz que se esconde por trás das distorções do entendimento; sempre a mesma luz imaculada, às vezes aprisionada e velada pelo orgulho humano, pelo sectarismo e pela vaidade, falseando a interpretação dos princípios universais, que mesmo assim permanecem soberanos para aqueles que tem "olhos de ver".

Se tivermos paciência de procurar com seriedade, conseguiremos perceber, mesmo nas doutrinas religiosas aparentemente contraditórias, as mesmas bases de verdade e amor, as mesmas normas comportamentais voltadas para o bem geral, que podem nos livrar e livrar o mundo de dias muito difíceis, inevitáveis se o rumo geral não for alterado.

Falemos um pouco sobre a *intuição*, outro canal que pode ser usado na busca da Verdade.

Quando mencionamos "intuição", não estamos nos referindo a pequenos palpites que nos chegam fortuitamente à consciência, no sentido mais popular do termo, como usualmente é empregado. Queremos nos referir à *Intuição Pura*, como é conhecida entre os espiritualistas. Trata-se da capacidade de captação da verdade diretamente na fonte, sem que para isso seja necessária a participação do raciocínio e da lógica; a criatura percebe a realidade, sem sombra de dúvida, num processo difícil de ser explicado, porque para ser entendido precisa ser vivenciado. Poucos são aqueles que dispõem dessa capacidade no estágio geral em que vive a humanidade, pois ela é resultado de apurada evolução espiritual e pode trazer-nos os mais exatos conhecimentos, por outra via de percepção que não está limitada às dimensões da mente humana.

Quanto à *vivência direta* que mencionamos, em falta de termo mais apropriado, poderíamos dizer que se trata de um estado de consciência mais avançado ainda que o precedente. A vivência direta ocorre num processo raro e de difícil acesso ao homem comum. É um contato direto com a realidade maior da vida, com a unidade da existência, numa similitude daquilo que os orientais denominam *Samadhi*. Há uma experiência vivencial direta da realidade, acima do nível de raciocínio e raramente conseguida pelos seres humanos.

Torna-se óbvio que não podemos eleger como verdade absoluta uma forma exclusiva de ver as coisas sob determinado ângulo religioso ou filosófico, porque a verdade é muito mais ampla do que qualquer religião possa conter. A mente aberta, livre de dogmas, é o primeiro passo para o alcance dessa verdade maior. Disse Jesus: "Conhecereis a verdade e a verdade vos libertará".[3] Nossa meta é portanto a aproximação tanto maior quanto possível dessa verdade libertadora.

---

3 Novo Testamento – João 8: 32.

Capítulo 3

Ponto de partida

O que poderia motivar-nos a iniciar essa caminhada difícil, de busca e compreensão das verdades superiores da vida? A simples curiosidade não tem força suficiente para levar-nos a empreender esta complicada jornada. Somente um desejo sincero e autêntico de respostas, de conhecimento e entendimento mais profundo da realidade espiritual, poderá ajudar-nos. Esse desejo pode ser estimulado pelo interesse que tivermos por nós mesmos e pelo futuro que nos aguarda. Talvez essa motivação já exista em nosso íntimo, pura e simplesmente, talvez não, mas dificilmente o homem é totalmente alheio e desinteressado do seu próprio destino.

A convicção de que o conhecimento e autoconhecimento nos serão compensadores, e, mais do que isso, que poderão poupar-nos muita dor e sofrimento, granjeando-nos acesso mais rápido a uma condição de alegria e felicidade, deverá ser suficiente para motivar-nos a despender o esforço necessário para alcançar esse objetivo superior.

Mas como chegar a essa conclusão?

É uma pergunta difícil de responder, pois somente o anseio da alma sequiosa de verdade e necessitada de luz a levará a buscar as vias do esclarecimento e as respostas adequadas às suas indagações. Esta convicção virá através do próprio conhecimento. É um círculo vicioso, poderia-se dizer; mas nem sempre as coisas são tão complicadas quanto parecem.

A real vontade de saber, de conhecer mais, abrirá caminhos não previstos. No fundo, quase todos nós aspiramos por um esclarecimento maior, mas falta-nos empenho em alcançá-lo. O sofrimento e a dor também funcionam como grandes despertadores da alma para sua verdadeira realidade, mas porque esperar por esse agente tão cruel, se existe um caminho mais suave e prazeroso pelo qual podemos seguir?

Será necessário que andemos de olhos abertos, atentos à sinalização que orienta o percurso, desejosos realmente de acertar, para que não nos percamos nos atalhos perigosos que muitas vezes se fazem convidativos.

Algumas pessoas caminham absorvidas por seus interesses momentâneos, ofuscadas pelo brilho das fantasias passageiras, como que de olhos vendados às realidades espirituais e se comprazem nessa cegueira. Mudar alguma coisa, ainda que seja para melhor, parece ameaçar o comodismo de sua rotina e do seu bem estar. Ninguém quer mudar o que lhe causa prazer, ainda que esse prazer lhe comprometa o futuro. A rotina é tão absorvente, que as vezes não queremos mudar nem mesmo o que nos causa desconforto.

Tomemos uma situação como exemplo rudimentar: suponhamos presenciar uma cena em que alguém esteja morrendo, vitimado por um câncer pulmonar, em atrozes sofrimentos. Percebemos que tal pessoa deseja voltar atrás na vida, refazê-la em moldes mais saudáveis, principalmente sem o fumo, desencadeador da doença fatal. No entanto nada mais é possível fazer, não há mais tempo. Consideremos uma hipótese: se no tempo de juventude de tal pessoa, tivéssemos tido a oportunidade de aconselhá-la a evitar o cigarro porque lhe causaria mal, ela o teria deixado? Provavelmente não! No entanto, a experiência dolorosa poderá ter reformulado totalmente sua maneira de pensar, ainda que tardiamente. A dor tem na vida uma função educadora e cumpre o seu papel. Ela surge como conseqüência natural do erro e tem a função de corrigi-lo. Sempre aparece quando as alternativas mais suaves falharam.

Uma pergunta então: uma compreensão anterior não teria sido benéfica? Não é melhor, como diz o ditado popular: "evitar do que remediar"? Não vale a pena o esforço de ajustarmos nossas vidas aos seus reais objetivos enquanto temos tempo, abrindo mão daquilo que será causa de tormentos futuros? Quantos e quantos desenganos poderiam ser poupados se andássemos em sintonia com os padrões e leis de sabedoria estabelecidos pelo Criador!

Os pais aconselham os filhos, desejando-lhes o bem, e nem sempre são ouvidos. Os mestres espirituais aconselharam a humanidade, que por sua vez costuma fazer ouvidos surdos aos seus apelos, desprezando normas superiores de conduta que seriam verdadeira chave para a libertação de angustiosos sofrimentos.

O homem em geral é imediatista, dificilmente se preocupando com o futuro se o presente está lhe trazendo satisfação. Mas um mínimo de inteligência lhe dará a certeza de que um porvir sempre haverá, quer ele queira, quer não; quer ele se preocupe, quer não. Em algum momento esse porvir tornar-se-á presente. Por que não encarar de frente esse fato? E isso não quer dizer que as mudanças vão trazer infelicidade. Deverá ser exatamente o contrário.

Qual seria então a diretriz a ser tomada?

Convidamos o leitor a acompanhar com tranqüilidade o que exporemos a seguir, sem pressa, analisando pausadamente cada item, pois aos poucos perceberá estar seguindo uma seqüência ordenada de pensamento.

A primeira indicação e a mais fácil que poderíamos sugerir, um ponto de partida para uma espiritualidade maior, que não implique em mudanças muito intensas para se conseguir um resultado satisfatório na presente existência: é que cada um procure dentro da própria concepção religiosa de que é simpatizante, as regras de conduta ensinadas, e *as pratique*. Isto pode parecer muito simples, mas nem sempre as coisas importantes são complicadas.

Quanto à *prática*, é o ponto essencial. Não nos referimos aos rituais e fórmulas exteriores constantes das variadas religiões, mas à *vivência real* dos ensinamentos superiores, no dia a dia da criatura, em todas as situações. Referimo-nos à vivência dos princípios morais norteadores do sentimento e dos costumes, à verdadeira religiosidade e ligação com Deus, não importa se com ou sem rótulo; referimo-nos à prática diária do amor ao próximo, procurando cada um desligar-se um pouco mais de si mesmo para ver o outro à sua frente, aprendendo a amá-lo incondicionalmente. Este é o início da verdadeira espiritualidade.

Geralmente as pessoas acham isso muito pueril, mas se assim fosse, Jesus não teria sacrificado a própria vida para ensinar um perfeito código moral baseado na Lei do Amor, assim também como outras religiões lutam e esforçam-se para ensinar sempre os mesmos preceitos de compaixão e amor ao semelhante. É fácil participar de cerimoniais religiosos que as vezes se transformam até em acontecimentos sociais agradáveis e não comprometem o viver confortável. É difícil *amar*, porque isso requer freqüentemente renúncia, abnegação e sacrifício. Mas não nos iludamos: não é a prática ritualística que resolverá nossas questões interiores e sim a *vivência* dos princípios espirituais elevados.

Tiago, em sua epístola, esclarece esse ponto:

"Tornai-vos pois, praticantes da palavra e não somente ouvintes, enganando-vos a vós mesmos"[1]

Para que possamos prosseguir em nossa linha de pensamento, pedimos que procure responder para si mesmo estas questões:

— O que significa "religião" para você?

— Até que ponto acha que suas crenças religiosas são intocáveis?

Se sua mentalidade for ainda muito ortodoxa, presa aos ensinamentos que lhe foram transmitidos, não admitindo dúvidas ou questionamento de conceitos, certamente você conseguirá guiar-se dentro do caminho religioso que lhe é

1 Novo Testamento — Tiago 1: 22.

próprio, desde que siga e pratique sinceramente as diretrizes recomendadas. Ainda que este caminho porventura não seja o mais adequado dentro de um contexto geral, um dia outras possibilidades aparecerão. No momento propício novas luzes se acenderão, libertando a mente de eventuais falsos conceitos, como recompensa pelo esforço e vontade de se ajustar à vida de forma correta. Mas sempre será bom usar a liberdade de pensamento, procurando desprender-se daquilo que não parece lógico ou não traz explicações satisfatórias.

Se você, porém, já consegue libertar-se de dogmas e preconceitos (aqui entendidos como ***idéias pré-estabelecidas***), se sua mente já pode ser livre, então seu campo de conhecimentos pode ampliar-se significativamente e você poderá partir numa empreitada para um aprendizado bem maior, que vai requerer muito esforço de pesquisa, mas será bastante compensador. Perceberá nas diversas doutrinas, religiões e filosofias, pontos comuns, idéias que se destacam como pedras preciosas, que permanecem soberanas apesar das diferenças entre as fontes de que procedem e que trarão respostas reais ao seu anseio de encontrar a verdade. Sobretudo trarão paz, alegria e felicidade ao seu espírito, pela conquista de um estado interior de tranqüilidade em relação ao futuro. Seguir-se-á então um ajustamento da vida a novos valores, que deverão substituir o anterior posicionamento. Também algumas idéias antigas, que serviram num determinado estágio de crescimento, agora já podem ser trocadas por conceitos mais sólidos e fundamentados.

Resumindo, poderemos dizer: as normas básicas e essenciais de conduta para a vida, provavelmente já nos foram passadas de alguma maneira, pois constam da maioria das religiões e filosofias. Geralmente nós as conhecemos, porém não as praticamos. Cabe-nos vivenciá-las. Viver dentro das normas da Lei do Amor é *ponto básico.* Sem isto não há crescimento espiritual.

O que pode ser acrescentado é uma dose maior de entendimento, a compreensão mais profunda de como operam as leis espirituais, assim como esclarecimentos específicos e importantes sobre muitos assuntos que de alguma forma nos parecem obscuros, mas que são de nosso interesse. A lógica e o bom senso deverão substituir uma crença antes não questionada em seus pontos vulneráveis.

O caminho inicial que juntos iremos trilhar é o caminho *da mente*, do discernimento, uma vez que as demais formas de buscar a Verdade se relacionam à vivência individual específica, à experiência de cada um. Podemos unir nosso próprio raciocínio às informações que nos chegam de várias fontes confiáveis, tentando dessa forma ampliar nosso campo de visão.

Iniciemos nossa reflexão.

Cada ser humano obviamente nasceu de determinados pais, em determinado lugar, em determinada época: alguém nasceu no Brasil, alguém no Japão, nos Estados Unidos, na Índia, na África, na Europa, na China etc.

Perguntaríamos: a verdade sobre a existência humana é diferente para cada uma destas criaturas?

Suas condições na Terra são realmente diversas, suas experiências, suas crenças. Mas a parte essencial da vida, muda pelo fato de nascermos aqui ou ali? Para os orientais, as doutrinas que professam explicam a vida de determinada maneira; para os cristãos e ocidentais há outras formas de entender; os africanos ou os muçulmanos interpretam ainda de outro modo, e assim por diante. Por que um pode ter razão e não o outro? Se em vez de nascermos onde nascemos, tivéssemos vindo à existência em países de costumes e crenças totalmente diferentes dos nossos, defenderíamos com tanta segurança nossos pontos de vista ou talvez nem tivéssemos conhecimento do que hoje nos parece tão importante? Por que tanta diversidade de teorias? Seria Deus tão parcial e injusto, que a alguns teria dado o privilégio da "Verdade" e a teria sonegado a outros? Qual a explicação para tamanha variedade de crenças?

É bom analisarmos essas questões porque essa reflexão nos ajudará a transpor as barreiras das contradições, das divergências, da exagerada ortodoxia, dos sectarismos, ajudando-nos a caminhar na direção de uma verdade maior que congrega em si mesma todos os seres, dentro de um sistema de justiça perfeita e de amor infinito.

Se acreditamos em Deus, forçosamente lhe conferimos todos seus consagrados atributos: amor, verdade, justiça, onipotência, onipresença e eternidade; se não fosse assim não seria Deus. Onde não há amor instala-se o caos e a desordem, e o Universo é um espetáculo de ordem, harmonia e beleza.

Já refletimos sobre o fato de que a existência de um Deus ***bom*** e ***justo*** é incompatível com a idéia de uma única existência do homem sobre a Terra? Como entender tantas diferenças humanas e sociais, com alguns nascendo na riqueza, outros na miséria extrema, uns com saúde outros com grandes deficiências etc., diante de um esquema de existência única, aliada ao conceito de amor e justiça? Neste caso todos os seres deveriam nascer com as mesmas oportunidades. Mas assim não acontece.

No entanto algumas religiões impingem-nos suas crenças contraditórias, sem nos dar o direito de perguntar ***por que***, determinando-nos a acreditar em seus preceitos, ao mesmo tempo que ensinam que Deus é amor e sem que tenhamos a opção de entender *como*. Muitos aceitam essa imposição sem questionar, deixando para segundo plano o direito de pensar por si mesmos, o raciocínio, ponto chave que nos diferencia dos animais inferiores.

Uma resposta coerente deve existir para esta questão e cumpre a cada um procurá-la.

Quando somos crianças, recebemos de nossos pais e mestres as orientações necessárias, pois não temos capacidade de julgamento próprio. Nossos pais, naturalmente, nos transmitem com carinho aquilo em que acreditam e entendem como melhor para nós, pelo menos se nos referirmos a pessoas com algum caráter. Essas instruções bem intencionadas são úteis e devem conduzir a caminhos equilibrados, importantes para o desenvolvimento de seres frágeis e iniciantes na vida. Na idade adulta, entretanto, estamos livres para questionar e entender. Não há mais lugar no mundo atual para crenças impostas. Nosso raciocínio deve conduzir-nos à busca de respostas satisfatórias e convincentes para quaisquer indagações que tenhamos dentro de nós mesmos. Deverá ser descartado aquilo que fere a lógica e o bom senso. Este é o primeiro passo, sensato e justo, para a compreensão da vida em nível mais profundo.

Partindo desse pressuposto será mais fácil analisar com isenção de ânimo as teorias de que dispomos no mundo, começando a perceber um pouco da luz que pode eliminar as trevas das falsas idéias, levantando o véu que encobre a verdade. Mas para isso será necessário abrir a mente e encarar novas possibilidades, mesmo que, de alguma forma, até agora elas possam ter-nos parecido inviáveis.

Capítulo 4

Mente aberta

Seria seqüência natural passarmos à analise das várias formas de pensamento e crenças existentes no mundo: religiões, filosofias, doutrinas, ensinamentos esotéricos etc.

Isto, porém, não é necessário porque inúmeras obras de excelente qualidade estão à disposição daqueles que desejem consultá-las. É um estudo bastante interessante para quem anseia por maior conhecimento. Será fascinante pesquisar as doutrinas e filosofias antiqüíssimas da China, Índia, Egito, Pérsia, Grécia etc. Um vislumbre da verdade maior poderá ser encontrado em cada uma. Pesquise-se o judaísmo, o cristianismo, o budismo, o hinduísmo, a teosofia, a antroposofia, o espiritismo, a doutrina dos rosacruzes e muitas outras mais. Estará presente em cada qual, uma parcela maior ou menor de luz provinda dessa verdade maior, sem dono e sem fronteiras. Poderão ser encontrados os pontos comuns que unem essas doutrinas, como também outros que se complementam.

Podemos adotar uma alternativa mais simples, dispensando esse árduo trabalho de pesquisa, embora ele seja sempre útil e enriquecedor. Poderemos encontrar as principais respostas dentro de nós mesmos, com respaldo em ensinamentos dignos de credibilidade, que estão disponíveis àqueles que realmente procuram a verdade acima de qualquer sectarismo.

Seria interessante iniciarmos com uma introspecção, uma pequena avaliação interior. Tentemos responder sinceramente às questões que se seguem (isso pode levar algum tempo). Procure fazer as perguntas diretamente ao seu *eu* mais íntimo, sem pressa, utilizando todo o tempo que for preciso, evitando respostas na ponta da língua, ou que foram simplesmente "aprendidas" em algum tempo anterior. Reflita seriamente sobre cada uma e veja qual é a *sua* resposta:

Quem é você? De onde veio?

Você é somente um corpo, ou tem em si um princípio espiritual que sobrevive ao corpo?

Se acredita neste princípio espiritual, onde estava ele antes dessa sua vida terrena?

Para onde irá após a sua morte física?

O que o faz pensar dessa maneira? Quem lhe passou essa idéia?

Acha que sua concepção é mais certa que a de outros povos em lugares diferentes da Terra? Por quê?

Se tivesse nascido no Oriente e tido uma outra formação religiosa totalmente diferente da que tem no momento, ainda pensaria da mesma maneira?

O que pode garantir a uma pessoa que ela seja portadora da verdade?

Responda com sinceridade a essas perguntas e ficará mais fácil prosseguirmos.

É supérfluo observarmos que nossas convicções, no que se refere ao mundo material, não se limitam àquilo que pode ser visto, ouvido ou tocado. Reconhecemos a existência de numerosas formas de energia que escapam à nossa detecção usual, como a eletricidade, os raios X, rádio, TV, diversas espécies de ondas eletromagnéticas que se revelam de tantas formas, além de outras expressões da natureza que não podem ser vistas mas podem ser sentidas e constatadas. Não podemos negar a existência de alguma coisa porque não a vemos.

O espírito não pode ser visto, pelo menos para a maioria das pessoas. A ciência não o enxerga, embora esteja próxima de constatar sua existência.

Vamos caminhar juntos num pequeno estudo sobre a existência da alma, mas para que isso possa realmente surtir efeito, precisamos estar naquele estado mental isento de idéias preconcebidas, ou seja, com a "mente aberta".

A autora Ângela M. Batà, já citada, usa palavras claras para mostrar a necessidade desse estado:

> Quais são os erros e defeitos da mente? – O primeiro defeito mental é a tendência à cristalização, ou seja, a falta de elasticidade, de ductilidade mental, e por causa dele o homem se apega às suas próprias idéias, às suas próprias convicções, e se fecha no limitado círculo formado por elas, sem ser capaz de superá-lo e ampliá-lo toda vez que entra em contato com novas verdades. – Uma mente realmente madura deve estar aberta para todas as idéias novas, ser capaz de um aprofundamento contínuo, deve mostrar-se sedenta de novos conhecimentos e desejosa de ampliar cada vez mais o seu campo de pesquisa. Deve ser capaz de examinar objetivamente e de entender as opiniões e as convicções dos outros, as idéias novas em qualquer campo...[1]

O conceituado autor indiano I. K. Taimni explica-nos algo mais sobre essa questão:

> A impressão mental gerada na consciência não é o que seria se produzida pelo pensamento entrado em seu estado puro, mas é uma resultante de sua adição às tendências já existentes no corpo mental. É portanto óbvio que, a menos que possamos paralisar ou eliminar as tendências já presentes na mente antes de receber o pensamento vindo do exterior, nunca veremos a coisa ou o assunto representado pelo pensamento como realmente é mas sempre com as

1 BATÀ, Ângela Maria La Sala. ***Maturidade Psicológica.*** São Paulo, Pensamento, s.d. p. 60

> modificações de nossos próprios pensamentos. É essa paralisação ou neutralização das tendências ativas ou latentes da mente que está compreendida na manutenção do que chamamos na linguagem comum, mente aberta. Esta capacidade é adquirida com muita dificuldade e após uma disciplina mental bastante severa e prolongada. Muita gente passa pela vida usando toda espécie de vidros coloridos e tudo vendo através deles, e nem mesmo notando algo errado na sua visão das coisas e das pessoas em torno. Quando os prejulgamentos se tornam específicos, localizados por assim dizer, temos preconceitos os mais absurdos, que encerram nossa visão mental dentro de limites estreitos, põem antolhos em nossa mente, e algumas vezes praticamente nos cegam no que concerne a determinados assuntos.[2]

Há uma insistência neste ponto, por ser a ***mente aberta*** um pré-requisito para uma investigação realmente significativa dos assuntos da espiritualidade e também para que não permitamos que idéias estratificadas e arraigadas impeçam nosso acesso a concepções mais verdadeiras.

> O poder pertence àquele que sabe – eis um axioma bem antigo. O conhecimento – cujo primeiro índice é a faculdade de compreender a verdade, de discernir o real do falso – destina-se tão somente aos que, libertando-se de todo preconceito, e vencendo sua auto-suficiência e egoísmo, estão dispostos a aceitar todas as verdades, quando lhes sejam demonstradas. Seu número é bem reduzido.[3] – H. Blavatsky

Nesta altura é importante uma explicação: utiliza-se neste livro várias citações esclarecedoras, para efeito comparativo de opiniões, que por sua credibilidade realmente possam ser consideradas. Também é intenção combinar

---

2 TAIMNI, I. K. ***Autocultura à Luz do Ocultismo***. Rio de Janeiro, Grupo Annie Besant, 1980, p. 107

3 BLAVATSKY, Helena. ***A Doutrina Secreta***. Vol. 5. São Paulo, Pensamento, Cop. 1973, p. 16.

esclarecimentos ***provindos de fontes diversas, mas que se unificam no conteúdo***, numa demonstração de que a mesma idéia, quando verossímil, é compartilhada por pessoas respeitáveis, em épocas, culturas, religiões e filosofias diversas, em lugares diferentes, ainda que haja divergências sobre outras questões. Existe ainda o fato de tais citações exprimirem muito melhor do que eu mesma poderia fazer, o pensamento em foco.

Prosseguindo então neste caminho, vamos ver ainda o que nos diz em conhecido livro, dr. Deepak Chopra, famoso médico da atualidade, residente nos Estados Unidos:

> Não podemos evoluir se nossas mentes estiverem fechadas. Isto acontece porque usamos nossas mentes para evoluir. Como vimos, nenhum novo conhecimento pode existir se não abrirmos um caminho por onde a inteligência possa fluir. Uma pessoa de mente aberta tem o hábito de abrir com simplicidade novos canais. Aceita, e não teme, que irá encontrar algo novo no mundo, uma descoberta que realmente desafia seus preconceitos e que assim derruba seus ídolos sagrados. Quando a inteligência encontra um novo canal, muito mais vida fluirá através de nós. ....Uma mente inocente, curiosa, aberta, é um pré-requisito para uma vida saudável. Se você se mantiver aberto a novas possibilidades em sua vida, isso lhe dará acesso a amplas possibilidades. Tudo está em manter-se pronto a mudar.[4]

As palavras de Jesus estiveram vestidas por precioso simbolismo, e assim foi dito:

"Em verdade vos digo que quem não receber o reino de Deus como uma criança, de nenhuma maneira entrará nele".[5] Por trás das singelas palavras do grande Mestre Nazareno, profunda sabedoria estava oculta.

Que atitude adotamos diante de novas idéias? De um

---

4 CHOPRA, Deepak. *Conexão Saúde*. 3ª Ed. São Paulo, Best Seller, p. 170

5 Novo Testamento – Marcos 10: 15.

modo geral, se elas estão de acordo com nossas crenças anteriores, gostamos, simpatizamos e talvez as aprovemos. Se elas vem refutar nossos antigos conceitos, nossa rejeição é quase automática, porque não gostamos de ver nossos pontos de vista questionados. É difícil colocar a mente naquele estado inocente de que falou Jesus: estado aberto, humilde, de expectativa saudável, sem preconceitos. Mas não é impossível.

Enquanto o homem não conquistou ainda o desenvolvimento da Intuição Pura, a mente, a razão, é a sua ferramenta mais preciosa para o correto discernimento. Essa ferramenta, no entanto, está sob o comando do próprio ser. Precisa estar limpa, isenta, e não pode ser dirigida e condicionada por sistemas que impinjam uma crença automatizada ou firam os princípios de um raciocínio livre e coerente.

Não podemos nos esquecer que a razão diferencia o homem dos animais inferiores. Precisamos fazer uso desse potencial com liberdade. Aceitemos as idéias que nos pareçam verdadeiras, com a convicção de quem compreende e aceita porque entende. Da mesma forma rejeitemos o que nos fere a razão. É bom crer, ter fé, mas com discernimento.

Disse Allan Kardec, o codificador do espiritismo:

> A fé raciocinada, que se apóia nos fatos e na lógica, não deixa nenhuma obscuridade: crê-se, porque se tem certeza, e só está certo quando se compreendeu. Eis por que ela não se dobra: porque só é inabalável a fé que pode enfrentar a razão face a face, em todas as épocas da Humanidade.[6]

Não podemos abrir mão do nosso direito de raciocinar e discernir. Pode ser que até agora tenhamos nos subordinado a padrões pré-estabelecidos de crenças e pensamentos variados. Estar com a mente aberta não significa necessariamente que o que pensamos esteja errado, mas significa analisar com isenção nossas próprias crenças, significa um

6 KARDEC, Allan. *O Evangelho segundo o Espiritismo*. São Paulo, Lake, Cap. XIX: 7

estado de receptividade a novos conceitos, significa examinar ***sem prevenção*** novas hipóteses com as quais não contávamos, aceitar ou descartar o que a razão indique como certo ou errado, como lógico ou ilógico.

Por favor, reflita um pouco sobre esta questão da "mente aberta". Não tenhamos medo de encarar fatos novos, possibilidades diferentes daquelas às quais estamos acostumados. Muitas vezes uma viciação mental nos cerceia a compreensão da verdade. Numa garrafa arrolhada nada penetra, também nada se renova e o conteúdo fica estagnado, acabando por deteriorar-se.

Como um pequeno exercício, reconsidere as perguntas do início deste capítulo.

Capítulo 5

Espírito

Geralmente o ser humano tem de forma intuitiva a certeza da existência de um poder superior que dirige o Universo, como também de possuir em si mesmo um princípio espiritual imortal. Entretanto alguns insistem em negá-lo porque não o vêem ou não têm uma prova concreta de sua existência. De qualquer modo é interessante uma investigação mais profunda.

A crença no espírito, como essência do ser, sobrevivente à morte física, acompanha a história da humanidade.

De diversas formas, grande parte dos homens vêm demonstrando essa convicção, o que justifica a existência das religiões em todo o mundo. Não há religião sem crença na espiritualidade.

A base de todas as religiões é a fé em Deus e na sobrevivência espiritual. Este é um ponto comum, sejam quais forem as formas de expressão dessa idéia.

Os Vedas, texto sagrado antiqüíssimo, relíquia religiosa da Índia, já revelava em idos tempos, conceitos espirituais da sobrevivência e continuidade do ser:

> Há uma parte imortal do homem que é aquela, ó Agni, que cumpre aquecer com teus raios, inflamar com teus fogos. – De onde nasceu a alma? Umas vêm para nós e daqui partem, outras partem e tornam a voltar.[1]

1 *Apud* DENIS, Léon. ***Depois da Morte***. 14ª Ed. Rio de Janeiro, Feb, 1987, p. 30 (1ª Parte: II)

No Bhagavad Gita, dizia Krishna (representante da Divindade) instruindo a Arjuna:

> Sabe que o Ser Absoluto, de que todo o Universo tem o seu princípio, está em tudo, e é indestrutível. Ninguém pode causar a destruição desse imperecível" – "O homem real, isto é, o Espírito do homem, não nasce nem morre. (...) O corpo pode morrer ou ser morto e destruído; porém aquele que ocupou o corpo, permanece depois da morte deste.[2]

A *Bíblia* contem muitos relatos que mostram a prática da comunicação com os espíritos dos mortos. No Antigo Testamento encontramos a narrativa de uma consulta feita por Saul a uma pitonisa,[3] que a seu pedido invoca o espírito de Samuel, que por sua vez conversa com Saul, profetizando acontecimentos sombrios que vieram a acontecer.

Sugestivas referências poderiam ser aqui encaixadas provenientes dos mais respeitáveis textos sagrados de todos os tempos, mostrando que sempre houve a crença num poder superior e na sobrevivência do espírito. Seria uma seqüência interminável, cuja enunciação seria difícil e cansativa para o leitor, além de não ser necessária ao objetivo central deste livro.

Basta-nos por ora estarmos cientes de que o homem, desde que teve consciência de si mesmo, em todas as épocas, foi levado por um estado natural interior a reconhecer sua natureza espiritual e a cultuar um poder maior, criador do Universo, autor do inexplicado. Quando ser primitivo, inclina-se perante o Sol, porque é o que melhor lhe representa esse poder, ou faz imagens e esculturas às quais incorpora sua necessidade de adoração!

Já o homem de cultura mais aprimorada, quando não é tomado pelo orgulho, que não tolera a existência de qualquer

---

2 Bhagavad Gita – São Paulo, Pensamento, 1976, Cap. II: 17, 20 pgs. 29, 30.

3 Antigo Testamento – I Samuel: 28

poder maior que ele próprio, reverencia o Criador com as formas mais poéticas, em verdadeiro êxtase interior. O próprio Einstein, inteligência extraordinária mas não considerado propriamente religioso, assim se expressou: "Saber que existe algo insondável, sentir a presença de algo profundamente racional, radiantemente belo, algo que compreendemos apenas em forma rudimentar – é esta a experiência que constitui a atitude genuinamente religiosa. Neste sentido, e neste sentido somente, eu pertenço aos homens profundamente religiosos." Disse ainda: "Deus é a Lei e o Legislador do Universo".[4]

Uma profunda introspecção sem dúvida nos levará ao encontro do Criador.

É conhecida a fórmula: "todo efeito tem uma causa" – e sua conseqüência: um efeito inteligente pressupõe uma causa inteligente. Se automaticamente idealizamos a existência de um marceneiro ante a simples observação de um armário, que tipo de construtor podemos idealizar por trás da magnitude do Universo?

Analisando-se o corpo humano, com seu intrincado funcionamento, como poderemos explicar tão complexa criação? Para que fim existe esse corpo tão fabuloso se sua duração é tão efêmera? É muito fácil a negação de um poder maior, ou simplesmente para o homem, acomodar-se em não compreender, se não encontra resposta mais elucidativa às questões da vida espiritual. No entanto, nossa mente racional estará mais satisfeita se considerarmos uma Inteligência Superior na origem de tudo o que existe. Faz mais sentido supormos a existência de uma presença espiritual maior e atuante, manifestando-se aos nossos sentidos em formas densas através da Criação.

Deus, como Ser Supremo, naturalmente se expressa tanto no universo espiritual como no universo material, se é que podem ser separados estes setores. Existe uma interligação entre os dois aspectos.

---

4 ROHDEN, Huberto. *Einstein* . 4ª Ed. São Paulo, Alvorada, 1984, pgs. 224, 225

Diz a *Bíblia* que nós, como seres criados por Deus, fomos feitos "à sua imagem e semelhança". Ele nos criou como entidades espirituais, ou seja, espíritos em essência, que passariam por um processo de desenvolvimento por meio do contato com a matéria.

Compreenderemos com melhor visão a função do corpo físico, se nele percebermos uma destinação superior, que é a de ser abrigo temporário do espírito, permitindo sua atuação no mundo material durante um período necessário para seu progresso e aprendizado.

Quantas conquistas, quantos sonhos perdidos, quanto sofrimento inexplicável, se o ser humano fosse unicamente um corpo pensante, que se desfaz com a morte! Quão diferente é a perspectiva do ser eterno! Quantos horizontes novos, quantas realizações jamais sonhadas, quanto ainda por viver, quanto a conquistar! Felizmente essa é a realidade que se impõe sem sombra de dúvidas a qualquer que se disponha, ainda que do ponto de vista simplesmente racional, a pesquisar o assunto.

A existência do espírito, como sobrevivente à morte física, é sobejamente constatada. Na antiguidade o contato com o outro plano de existência não era muito divulgado, dada a dificuldade do homem comum daquela época em compreender sua realidade espiritual. Era mesmo uma questão tratada de modo sigiloso por alguns que já tinham maior lucidez e aprofundamento em suas concepções religiosas.

É bom considerar que sempre fez parte das grandes religiões, ensinamentos *exotéricos* e *esotéricos*; os primeiros destinados às massas e os segundos reservados a poucos que fossem capazes de compreendê-los. As idéias gerais eram difundidas a todos; os ensinamentos mais profundos, porém, assim como as experiências e intercâmbio com outros níveis espirituais de vida, ficavam circunscritos aos templos iniciáticos ou a grupos pequenos. Eram os Mistérios Menores (públicos) e os Mistérios Maiores (secretos) da Sabedoria Antiga.

O próprio Jesus demonstrou em algumas ocasiões que nem tudo era para todos. Disse certa vez aos apóstolos: "A vós é dado conhecer os mistérios do reino dos céus, mas a eles não lhes é dado".[5] – Na ocasião da Transfiguração no Tabor, quando um espetáculo de grande relevância espiritual aconteceu, levou consigo apenas três dos discípulos. Diz o texto: "Jesus tomou consigo a Pedro, e a Tiago, e a João, seu irmão, e os conduziu em particular a um alto monte"[6] – Nesta ocasião Jesus, na presença dos amigos escolhidos, além de lhes proporcionar o fenômeno extraordinário da própria transfiguração, conversou com os espíritos de Moisés e Elias.

Mesmo assim, nem tudo pôde ser dito e mostrado naquela oportunidade e Jesus reservou algumas revelações para o futuro. Nas últimas recomendações dadas aos apóstolos no final de sua jornada terrena, afirmou: "Ainda tenho muito que vos dizer, mas vós não o podeis suportar agora. Mas quando vier aquele espírito de Verdade, ele vos guiará em toda a verdade...".[7]

Hoje, quase dois mil anos depois desses acontecimentos, muito já o homem recebeu em esclarecimentos sobre a vida espiritual.

Cientistas de renome internacional em várias épocas já se dedicaram à comprovação da realidade do espírito. Pedro Granja nos deixou uma contribuição valiosa em seu livro "Afinal, quem somos?".[8] (infelizmente no momento esgotado e não reeditado). Esse livro (com magnífico prefácio de Monteiro Lobato) apresenta capítulos especiais com o testemunho de grande número de sábios e cientistas, assim como suas experiências e constatações da sobrevivência espiritual. Transcrevemos alguns trechos, a título de esclarecimento por serem bastante elucidativos:

---

5 Novo Testamento – Mateus 13: 11
6 Novo Testamento – Mateus 17: 1
7 Novo Testamento – João 16: 12
8 GRANJA, Pedro. *Afinal quem Somos?* . 9ª Ed. São Paulo, 1982, Edicel, caps. XIII, XIV.

> O célebre naturalista inglês Sir Alfred Russel Wallace, presidente da Sociedade Inglesa de Antropologia, aludindo aos fenômenos espíritas, diz o seguinte: "É por certo coisa fácil de dizer que o que refiro é "impossível". Eu sustento, porém, que é rigorosamente verdadeiro, e nenhum homem, por maior que seja o seu talento, possui o conhecimento integral dos poderes da Natureza para estar autorizado a qualificar de impossíveis fatos que eu e outros muitas vezes verificamos. Eu era um materialista tão completo e convicto, que não podia haver no meu espírito lugar para a existência espiritual e para qualquer outro agente universal, senão a matéria e a força. Os fatos, porém, são coisas bem teimosas. ...(Alfred Russel Wallace – *Le Moderne Spiritualisme* – Wallace nasceu em Usk, Monmouthshire, Inglaterra em 1823)
> (...) Outro nome que se impõe entre os sábios ingleses, é o de sir William Fletcher Barret, professor de física do *Royal College of Science for Dublin*.

Em sua obra: ***Nos Umbrais do Invisível***, declara na introdução:

> Estou absolutamente convencido de que a ciência psíquica provou experimentalmente a subsistência de uma entidade transcendente e imaterial no homem: — a alma. (...) As conclusões a que chego não são frutos de um exame rápido e superficial. Há mais de quarenta anos que estudo os chamados fenômenos supranormais, com toda liberdade e sem nenhum interesse.

No trabalho ***Algumas Reminiscências de Cinqüenta Anos de Pesquisas Psíquicas*** estabelece: "É evidente a existência de um mundo espiritual, a sobrevivência depois da morte e a comunicação ocasional dos que morreram."

Sir Oliver Lodge, doutor em Ciências, professor de Física da Universidade de Londres, professor de Filosofia Natural no Colégio de Bedford, Professor Catedrático de Física da Universidade de Liverpool... etc., em seu discurso na "Psychical Research Society" em 22 de novembro de 1916 declarou o seguinte (selecionado do texto geral):

> Dir-vos-ei com toda a força da emoção de que sou capaz, que persistimos depois da morte; que os desencarnados continuam mantendo interesse para o que se passa na terra e sabem muito mais do que se passa do que nós mesmos; enfim, quando podem se comunicam conosco. Eu bem sei que esta afirmação é muito séria, uma conclusão muito grave. Creio que ninguém dentre nós, inclusive eu, tem idéia adequada da importância desta conclusão. ... se um homem consagra trinta ou quarenta anos de sua existência a estas investigações, tem o direito de sustentar o resultado a que chegou.

Charles Richet (Paris – nasc. 1850), verdadeiro gênio pelas suas descobertas científicas e um dos maiores fisiologistas do mundo – prêmio Nobel de 1913 — declara numa de suas obras, após três décadas de contínuos estudos:

> Um primeiro fato é evidente: todas as vezes que um sábio assentiu em estudar de maneira aprofundada esses fenômenos, chamados outrora ocultos, adquiriu a convicção da existência dessas manifestações. Na história da metapsíquica, não conheço um só caso, um só, de observador consciencioso que, após dois anos de estudos, concluísse pela negativa... As novas verdades estabelecidas pelos grandes sábios custam a ser aceitas pelo público. É necessário muito tempo para que uma descoberta científica seja admitida. Que será então quando se tratar de fatos inabituais? Toda constatação de um fato novo, a princípio parece inverossímil. E quando é inabitual, não podendo ser repetido à vontade, é negado, apesar das provas que se apresentem. Sim! É negado obstinadamente, porque nada é tão fácil quanto uma negativa.

Dr. Gustave Geley, que foi diretor do Instituto Metapsíquico de Paris, médico em Nancy declara na obra – *Do Inconsciente ao Consciente*:

> Quando pela primeira vez se estuda seriamente a questão, experimenta-se verdadeira estupefação: percebe-se que os fenômenos espíritas, ou assim chamados, reduzem-se, em suma, a alguns tipos principais, muito fixos e muito nítidos; que estão solidamente estabelecidos pelo testemunho acorde de milhares e milhares de pesquisadores; que foram fiscalizados, com todo o rigor dos métodos experimentais, por sábios ilustres de todos os países; que sua negação pura e simples equivale hoje a uma declaração de ignorância ... Notemos imediatamente que não há exemplo de um único sábio que tenha negado a realidade dos fenômenos depois do estudo um tanto aprofundado. Ao contrário, numerosos são aqueles que partindo de completo ceticismo, chegam à afirmação entusiástica.

Camille Flammarion, notável astrônomo, cujas obras iluminaram os séculos XIX e XX (Montigny – Le Roy – 1842 / Juvissy 1925) – "O poeta das estrelas" como mundialmente é conhecido, a princípio céptico, depois vacilante, finalmente convicto, tanto da fenomenologia como da gênese espiritual, no último volume da série desses importantes estudos, justifica e explica as razões de sua certeza, declarando:

> A menos que tenhamos de recusar todo o testemunho humano, não é possível duvidar das narrações devidamente fiscalizadas. Ora, não há muitos fatos, históricos ou científicos, que sejam afirmados por tão grande número de testemunhas. Supor que todas essas pessoas tenham sido enganadas, alucinadas ou vítimas da imaginação é uma hipótese absolutamente insustentável. (...) As deduções da existência da alma além do túmulo e a sua ação, para mim são tanto mais certas, quanto mais me pus eu a examiná-las, a adotá-las. Isso foi entre os anos de 1861 e 1922, há mais de sessenta anos...

Após detalhar suas conclusões, finaliza:

> Quaisquer que sejam os complementos que possam ser acrescentados às observações precedentes, possuímos doravante a certeza científica da sobrevivência da alma além do último suspiro terreno. A alma é independente do organismo material e continua a viver depois da morte. (Camille Flammarion, *Après la mort*)

Pedro Granja cita o parecer de ***noventa e sete*** sábios de grande reputação no mundo científico, e poderíamos continuar transcrevendo sugestivos depoimentos, o que apesar do interesse, pode no momento ser dispensável.

Gostaríamos de mencionar apenas mais um nome, o de William Crookes, por sua extraordinária contribuição para elucidações do assunto do qual tratamos. W. Crookes (Londres 1832/1919) célebre físico, químico e astrônomo, tem uma folha de trabalhos e pesquisas científicas tão notável que não caberia agora seu relato, por demasiado extenso. Além de se dedicar a importantíssimos trabalhos de ordem científica, com várias obras publicadas, investigou com igual cuidado os fenômenos ditos sobrenaturais, chegando às mesmas conclusões dos autores mencionados acima. O mais surpreendente porém, foi o fato ímpar de sua convivência com um espírito — Katie King — que se materializou durante três anos seguidos, em sua presença e de seus amigos, sendo inclusive fotografado por diversas vezes, proporcionando a todos a possibilidade de um estudo mais aprofundado sobre a realidade da vida após a morte. Uma vez, W. Crookes respondendo a seus antagonistas sobre a impossibilidade dos fenômenos espirituais, disse: "Mas eu não disse que esses fenômenos eram possíveis; o que disse e afirmo é que são verdadeiros"[9]. Sobre suas pesquisas relativas à vida espiritual publicou vários trabalhos, entre eles o livro ***Fatos Espíritas*** no qual relata algumas experiências com fenômenos supra-normais inclusive os referentes

9 Opus cit. Cap. XIII (ver pg. 182 / nota 4).

a Katie King. Sobre as experiências com este espírito, temos também a obra ***Katie King***, de Wallace Leal V. Rodrigues[10], onde encontramos uma interessante análise sobre esses fatos, com as fotos mencionadas.

Ainda a respeito das investigações sobre os fenômenos relativos à vida no além, disse Gabriel Delanne:

> As objeções de fraudes, alucinações e outras foram refutadas diante das reiteradas investigações empreendidas no mundo inteiro pelos sábios mais qualificados; e, em face da massa de provas acumuladas, pode-se, agora, afirmar que a materialidade dos fatos não é mais contestável. /(...) Temos como irrecusável que a alma humana possui uma existência certa durante a vida, que sobrevive à desagregação do corpo, e que leva para o Além as faculdades e os poderes que possuía aqui.[11]

Talvez fosse desnecessário insistirmos na questão comprobatória da realidade espiritual da criatura, pois possivelmente poucos tenham dúvida a respeito, embora as vezes não se dêem conta disto. Estamos porém seguindo uma linha de pensamento em que esta matéria se faz importante. É um ponto básico para prosseguirmos.

Apesar de haver pessoas que examinam cuidadosamente as idéias relacionadas com sua natureza espiritual, existem também céticos que não se deram ao trabalho de estudar ou sequer de ler com atenção as conclusões de cientistas renomados que levaram a sério tal assunto, esforçando-se dentro de todos os métodos científicos disponíveis a constatar algo cuja imponderabilidade favorece uma fácil negação simplista, quando não irônica.

Os fatos e estudos acima relacionados são referentes ao final do século passado e início do atual, quando um grande

---

10 RODRIGUES, Wallace Leal V. ***Katie King***. 2ª Ed. O Clarim - Matão, S.P., 1980.

11 DELANNE, Gabriel. ***A Reencarnação.*** 6ª Ed. Rio de Janeiro, Feb, 1987, pgs. 17, 18.

surto de pesquisas se efetuou no mundo por causa do interesse suscitado pelo assunto em questão, apesar desse tema ter sido do interesse humano em todos os tempos.

Podemos agora nos transportar a dias mais modernos para examinar alguma coisa do que tem acontecido no mundo mais recentemente, com referência a essa matéria.

É importante notar que hoje podemos contar com uma variada literatura, quase impossível de ser analisada, pelo muito que se tem escrito sobre o assunto neste último século. Fatos novos e importantes se acrescentaram, os conhecimentos se ampliaram, cresceu a facilidade de comunicação em todo o globo terrestre. Além daquilo que podemos encontrar nos livros, hoje em plena era da informática temos também a internet, que nos oferece possibilidades sempre crescentes de pesquisa, facultando ao homem moderno um campo de consultas que poderíamos dizer ilimitado.

Mas quantos realmente se servem dessas possibilidades em favor do seu "auto-descobrimento"? O homem chegou à Lua, sonda já outros planetas, mas não conseguiu ainda conhecer a si mesmo. A maioria não se preocupa com isso. Os assuntos relativos à vida material dominam, como é de se esperar num mundo materialista. Embora as criaturas geralmente façam parte de uma ou outra religião e se intitulem "pessoas de fé", pertencendo a uma ou outra categoria religiosa, isso não significa necessariamente que tenham interesse por conhecer-se a fundo. De certa forma as pessoas vivem como se a vida na Terra fosse eterna; nada as preocupa quanto ao futuro, que embora desconhecido será bem mais amplo do que os poucos anos passados neste mundo.

Em verdade, o que pode conduzir-nos ao conhecimento de nossa realidade interior, à nossa essência, até dispensaria pesquisas e provas. Como disse Einstein: "Do mundo dos fatos não conduz nenhum caminho para o mundo dos valores – estes vêm de outra região".[12] – O verdadeiro caminho

12 ROHDEN, Huberto. ***Einstein.*** 4ª Ed. São Paulo, Alvorada, 1984, p. 223

para o autoconhecimento é interno; mas no início, as evidências e comprovações exteriores sobre a realidade espiritual podem ser de grande valia para guiar nossos passos.

Não importa *quantidade* no que diz respeito a testemunhos levantados, importa sim *qualidade*: a respeitabilidade dos autores em questão, a confiança que podemos depositar em seus depoimentos. Por isso nos cercamos de nomes de comprovada seriedade e competência reconhecida.

Tomemos como exemplo os estudos da dra. Barbara Ann Brennan, que foi pesquisadora da NASA, fez mestrado em Física Atmosférica na Universidade de Wisconsin (EUA) e há mais de quinze anos já estudava o campo da energia humana, quando escreveu o excelente livro ***Mãos de Luz***.[13] Nesse livro a autora atesta, de maneira atual e clara, ensinamentos que fazem parte de conhecimentos esotéricos antiqüíssimos. Mostra a realidade de uma outra dimensão não percebida pelos sentidos humanos, mas cuja percepção pode ser conquistada através de um preparo específico. Foi pesquisado todo um campo de energia envolvendo os seres, que não é visível ao observador comum mas que tem clara relação com o "Eu" espiritual, como fica claro no oitavo capítulo da obra citada.

Lembro-me de que quando iniciei um estudo mais metódico das questões espiritualistas, ante algumas leituras que tive oportunidade de fazer, fiquei absolutamente ***estupefata*** com o panorama que então começava a vislumbrar e pude entender com maior clareza o que disse Shakespeare por Hamlet, em observação tão conhecida e popularizada, mas nem por isso menos possuidora de verdade: "Há mais coisas no céu e na terra, Horácio, do que as contempladas como possíveis na ciência pela qual vós vos interessais",[14] em tradução bem criteriosa, ou como dizem outras mais conhecidas: "Há mais coisas entre o céu e a terra, Horácio, do que pode suspeitar a tua vã filosofia".

---

13 BRENNAN, Bárbara Ann. ***Mãos de Luz***. São Paulo, Pensamento, [1990].

14 SHAKESPEARE. ***Hamlet***. Rio de Janeiro, J.B, Tradução: Geraldo de Carvalho Silos, 1984, p. 32.

Realmente a constatação da sobrevivência é apenas o começo de um longo caminho de descobertas surpreendentes, que são subseqüentes ao desbravamento desse desconhecido mundo espiritual.

O espiritismo, com Allan Kardec, veio, no século passado, como que abrir as cortinas de um outro nível de vida que um dia teremos forçosamente que experimentar. Kardec colocou à disposição de todos os que se interessassem segredos hermeticamente guardados durante séculos nos recintos sagrados dos templos iniciáticos. Kardec, cujo verdadeiro nome era Hyppolyte Léon Denizard Rivail, foi um homem de extensa e sólida cultura. Até os cinqüenta anos permanecera desligado das questões religiosas, embora católico por herança de nascimento. Mantinha-se atento aos trabalhos profissionais. Foi pedagogo, aluno de Pestalozzi em Yverdun, na Suíça. Antes de sua atividade espírita propriamente dita, em que adotou o pseudônimo de Allan Kardec, publicou mais de vinte obras educativas. Sua biografia é extremamente rica e interessante.

Em 1854 ouviu falar das mesas girantes, fenômeno que se tornara usual em alguns recintos da sociedade francesa. Dizia-se que as mesinhas leves, então em moda, presentes em muitas casas francesas, transmitiam mensagens através das batidas de seus pezinhos. Kardec foi convidado para assistir a tais sessões.

Disse-lhe o sr. Fortier, um seu amigo versado em magnetismo:

> Eis uma coisa mais que extraordinária: não somente magnetizam uma mesa, fazendo-a girar, mas também a fazem falar; perguntam coisas e a mesa responde.

Kardec replica:

> Isto é outra questão: acreditarei quando puder ver com os meus próprios olhos e quando me

> provarem que uma mesa tem um cérebro para pensar, nervos para sentir e que pode tornar-se sonâmbula: por enquanto seja-me permitido dizer que tudo isso me parece um conto para fazer dormir em pé.[15]

Acabou cedendo à insistência do amigo e compareceu a uma dessas reuniões.

Estudioso, criterioso e profundo em seus raciocínios, percebeu que por trás daquela aparentemente inocente brincadeira, havia algo não facilmente explicável, e resolve então pesquisar a questão em profundidade. Somente se convenceu plenamente da realidade das manifestações espíritas após meticulosa investigação, que durou mais de um ano. São suas palavras: "Custou-me mais de um ano de trabalho para ficar eu mesmo convencido; o que prova que não me convenci levianamente."[16]

Dedicou-se então a um trabalho árduo, aprofundando estudos que terminaram numa obra magnífica, na qual, após longo intercâmbio com o plano espiritual, compilou as informações que lhe eram trazidas do outro lado da vida, organizando-as de forma metódica nos livros que hoje são o alicerce do Espiritismo.[17]

Foi nesta época que multiplicaram-se as pesquisas em torno da comprovação da vida espiritual. Os mais variados fenômenos aconteciam e eram investigados não apenas por estudiosos da matéria, mas também por cientistas conceituados.

Hoje, acrescenta-se a essa base toda uma bibliografia trazida do "além", bastante extensa, com revelações surpreendentes. Muitos outros tipos de investigação também vêm se desenvolvendo em nossos dias. Voltaremos ao assunto mais à frente, dentro de melhor conveniência de raciocínio.

Continuemos porém em nossa trajetória, passo a passo.

---

15 MOREIL, André. *Vida e Obra de Allan Kardec*. Vol. 1. São Paulo, Edicel, s.d. p. 58

16 Opus cit. p..56

17 Principais obras de Kardec: *O Livro dos Espíritos* (1857), *O Livro dos Médiuns* (1861), *O Evangelho Segundo o Espiritismo* (1864), *O Céu e o Inferno* (1865), *A Gênese* (1868).

Capítulo 6

Possibilidades na sobrevivência

Inicialmente duas possibilidades se abrem diante de nós, quanto ao futuro: sobrevivência ou não sobrevivência após a morte física.

É óbvio que se não existe uma continuidade da vida, o que nos espera é o *nada*. Aquele que é adepto dessa teoria geralmente não admite discussão, apesar das evidências em contrário. Para negar não há necessidade de justificativas... Parece ser uma posição que disfarça um processo de fuga. Crer na sobrevivência resulta em responsabilidade. Será preciso encarar as implicações decorrentes dessa crença.

O *nada* instintivamente nos repugna. Mas diante desse possível *nada*, é inevitável a pergunta: por que existir, então? A resposta é difícil pois não haveria lógica para a existência.

Deixemos de lado essa hipótese, diante da qual a vida perde o sentido e vamos explorar a suposição da sobrevivência.

Se há uma continuidade da vida, que será de nós quando a "morte" nos encontrar? Para onde vai o espírito após o fatal desenlace? Que condição teremos?

Neste caso poderemos encarar três novas possibilidades: estaremos melhor do que estamos agora, estaremos num estado semelhante, ou estaremos pior. Várias são as opiniões quanto a essas possíveis alternativas. Existe uma crença generalizada de que cada um receberá de acordo com seu mérito.

Alguns optam pelas possibilidades: *céu*, *inferno*, ou *purgatório*. Outros acreditam que *dormiremos* até uma *ressurreição* futura (do mesmo corpo) e então será distribuído o prêmio ou o castigo conforme cada um fez por merecer. Outros ainda, crêem no prosseguimento da vida, em plano diferente, condições diferentes, alternando-se esse estado com novas incursões à existência terrena em novos corpos, no processo conhecido como *reencarnação*.

Como descobrir a verdade?

Uma análise sobre o assunto poderá ajudar-nos a tirar conclusões satisfatórias, pelas vias do raciocínio. Sigamos juntos neste caminho.

Ressurreição

Quanto à possível "ressurreição" de que fala o Evangelho, trata-se de um ponto que precisa ser analisado com cuidado. O termo, em si mesmo, está sujeito a várias interpretações.

A palavra "ressurreição" (do latim *ressurrectio*) estabelece a idéia de "ressurgir", voltar à vida, reaparecer. Isto não implica na necessidade de utilização do mesmo corpo físico, não quer dizer que seja preciso contrariar as leis da natureza. Um corpo que já se decompôs e que já se transformou em outros elementos, passando a fazer parte de novos organismos, como plantas, animais, seres humanos ou quaisquer outras substâncias, não vai retornar à sua forma primitiva, num processo antes de tudo irracional. Poderíamos indagar: para qual de seus múltiplos donos essas partículas químicas retornarão? Em qual dos corpos a que tenham pertencido surgirão novamente nesse dia da ***Ressurreição***?

Jesus ressuscitou dentre os mortos, assim está no Evangelho. Apareceu a inúmeras pessoas, depois de constatada sua morte física. O túmulo vazio não significa necessariamente que Jesus, espírito, tenha retomado seu corpo carnal. Alguns defendem a idéia de que seu corpo foi requisitado e enterrado por José de Arimatéia. Apesar de todas as alternativas que possam ser levantadas, sabemos que Jesus era um ser de elevação espiritual tão extraordinária, detentor de conhecimentos e poderes ainda tão distantes do ser humano comum, a quem inúmeros procedimentos que ainda nos parecem miraculosos eram possíveis: mesmo coisas que aparentemente, na nossa ignorância, parecem contrariar as leis da Natureza. Ainda assim devemos estudar a questão criteriosamente.

Será útil analisar alguns trechos do próprio Evangelho, relativos ao período "pós-ressurreição", que nos parecem esclarecedores. Encontramos em João:

"Chegada pois a tarde daquele dia, o primeiro da semana, e cerradas as portas onde os discípulos, com medo dos judeus, se tinham ajuntado, chegou Jesus, e pôs-se no meio, e disse-lhes: Paz seja convosco" (todos os grifos destes trechos são nossos).

"E oito dias depois estavam outra vez os seus discípulos dentro, e com eles Tomé. Chegou Jesus, estando as portas fechadas, e apresentou-se no meio e disse: Paz seja convosco."[1]

Queremos assinalar que um corpo carnal não atravessa portas fechadas.

Escrevendo Marcos sobre as aparições de Jesus, disse:

"E depois manifestou-se noutra forma a dois deles, que iam de caminho para o campo."[2]

Maria Madalena também, a quem primeiro Jesus apareceu após o episódio da ressurreição, de início não o reconheceu, pensando que era o hortelão (João 20: 15).

Noutra ocasião Jesus aparece aos discípulos junto ao mar de Tiberíades – segundo narrativa de João:[3] "E, sendo já manhã, Jesus se apresentou na praia, mas os discípulos **não conheceram** que era Jesus."

Lembramos que o corpo físico não muda de forma espontaneamente.

1 Novo Testamento João 20: 19, 26.
2 Novo Testamento – Marcos 16: 12
3 Novo Testamento – João 21: 4

Jesus disse ainda a Maria Madalena, na cena do sepulcro: "Não me detenhas porque ainda não subi para meu Pai, mas vai para meus irmãos e dize-lhes que eu subo para meu Pai e vosso Pai, meu Deus e vosso Deus".[4]

Ora, o corpo carnal não dispõe da prerrogativa de subir a Deus.

Realmente esses fatos oferecem bastante material para reflexão e se não tivéssemos hoje os esclarecimentos de que dispomos sobre a vida espiritual, pareceriam um quebra-cabeça sem solução. Felizmente já nos é dada a possibilidade de uma relativa compreensão desses fenômenos.

Examinemos alguns comentários de Huberto Rohden, renomado espiritualista, homem de grande cultura, que publicou mais de sessenta obras sobre filosofia e religião, e também traduziu o Evangelho para o português, diretamente do grego do primeiro século.

> A espiritualização do corpo material é chamada "ressurreição de entre os mortos" (não "ressurreição dos mortos"). O "corpo morto" é corpo em estado material; o "corpo ressuscitado" é o mesmo corpo mas em estado imaterial.[5]

Disse o apóstolo Paulo:

> E se não há ressurreição de mortos, também Cristo não ressuscitou. E, se Cristo não ressuscitou, logo é vã a nossa pregação, e também vã é a vossa fé.
> (...) Mas alguém dirá: Como ressuscitarão os mortos? E com que corpo virão? Insensato! o que tu semeias não é vivificado, se primeiro não morrer.
> (...) Semeia-se corpo animal, ressuscitará corpo espiritual. Se há corpo animal, há também corpo espiritual.[6]

4 Novo Testamento – João 20: 17

5 ROHDEN, Huberto. *A Metafísica do Cristianismo.* 4ª Ed. São Paulo, Alvorada, s.d. , p. 88.

6 Novo Testamento – Paulo – I Coríntios 15: 13, 14, 35, 44.

Em outras palavras: morre o corpo material, o espírito ressurge em corpo espiritual, que normalmente conserva a aparência do corpo carnal em sua existência terrena. A vida continua. Ainda que o sucedido com Jesus esteja além da nossa compreensão, o certo é que Ele quis demonstrar sem sombra de dúvidas, a sobrevivência após a morte.

Também se pode tomar o termo ressurreição no sentido de reencarnação. O espírito ressurge, algum tempo após a morte física, em novo corpo carnal numa nova vida, para mais uma experiência no mundo material.

Algumas explicações:

É conhecida desde a antiguidade, entre as doutrinas esotéricas do Oriente, a existência de um corpo espiritual ou dos "corpos" do homem.

É diferente o conceito de "espírito" e de "corpo espiritual". O espírito é pura essência, não tem forma. O corpo espiritual é o "revestimento" (ainda etéreo) do espírito, para dar-lhe aparência individualizada.

Os orientais sempre preconizaram a existência de *vários corpos* espirituais (corpo astral, corpo mental etc.). Mas para simplificar, vamos nos referir a esse *conjunto* como corpo espiritual ou "perispírito", como é chamado no espiritismo.

O que sobrevive à morte física, é o espírito acompanhado do corpo espiritual ou perispírito (representando o conjunto dos corpos espirituais). Os espíritos superiores têm a possibilidade de modificar a aparência desse corpo etéreo, segundo o seu desejo e conveniência. Este corpo pode sofrer também o processo de materialização e desmaterialização, em determinadas condições. Isso esclarece o que aconteceu com Jesus.

Quanto ao fenômeno de materialização, existem sobre esse assunto inúmeras comprovações, narradas fartamente pelos sábios que investigaram a vida após a morte e também muito mencionadas nos livros espíritas. Aliás, nas narrativas vindas "do lado de lá", encontramos as explicações plausíveis para todos esses acontecimentos que nos parecem miraculosos. Resultam da aplicação de leis naturais ainda fora do conhecimento humano usual e que escapam por enquanto à nossa possibilidade de controle. São fatos que hoje nos parecem fantásticos. Talvez não o sejam mais dentro de cinqüenta anos.

Se chegarmos de avião a uma tribo indígena que nunca teve contato com a civilização, munidos de telefone, rádio, televisão, computador etc., pensarão que somos deuses. Nós sabemos que podemos utilizar energias que eles desconhecem. Da mesma forma, ainda não temos conhecimento de muito do que nos rodeia em outros campos vibratórios e por isso tachamos muitos acontecimentos de sobrenaturais, ou mesmo de milagres, quando são inteiramente possíveis e naturais; apenas são procedimentos que ainda não dominamos, pertencentes a uma outra dimensão de vida que não conhecemos suficientemente.

Disse o já citado espiritualista Huberto Rohden: "De fato, o sobrenatural é um simples refúgio da nossa ignorância".[7]

Céu, inferno, purgatório

Passemos à verificação das possibilidades que se nos apresentam de sobrevivência.

Quanto às hipóteses: ***céu***, ***inferno*** e ***purgatório***, antes de passarmos à pequena análise de cada tópico, seria interessante que nos dispuséssemos a indagar o que nós mesmos pensamos a respeito, independente das sugestões que nos tenham sido passadas das mais variadas formas.

Essa ponderação com ***mente aberta*** já nos ajudará a encontrar uma conclusão sensata, no que diz respeito a ***céu***, ***inferno***, ***purgatório***. Vamos examinar o assunto.

De uma maneira ou de outra, grande parte das pessoas sempre acreditou em recompensa ou punição futura como resultado de sua vida terrena.

7 Op. cit. p. 90

Parece um raciocínio lógico; afinal, esperamos de Deus, justiça! Se Deus é amor, e se amor não existe sem justiça, concebe-se que cada um receberá a recompensa futura segundo seu merecimento, ou seja, segundo suas obras! Exatamente segundo suas obras! (assim está escrito por diversas vezes na ***Bíblia***). Isso, no entanto, não determina punição eterna e infinita. Representa pena proporcional. A idéia de inferno como punição eterna é incompatível com o amor divino.

Como diz Iogue Paramahansa Iogananda: "Estudantes da ***Bíblia*** cometem injustiça aos seus ensinamentos quando acreditam que uma alma possa ser condenada permanentemente ao inferno... Causas finitas não podem produzir efeitos infinitos".[8]

Se algumas pessoas se apegam tanto a algumas palavras de Jesus, sem lhes conhecer o justo sentido, porque não se lembram também que Ele disse: "E qual de vós é o homem que pedindo-lhe pão o seu filho, lhe dará uma pedra? E pedindo-lhe peixe, lhe dará uma serpente? Se vós, pois, sendo maus, sabeis dar boas coisas aos vossos filhos, quanto mais vosso Pai, que está nos céus dará bens aos que lhos pedirem? Portanto, tudo o que vós quereis que os homens vos façam, fazei-lho também vós, porque **esta é a lei** e os profetas!"[9] (grifo nosso)

Nestas palavras está clara a idéia do amor divino e também o processo do funcionamento de sua justiça. O amor de Deus é infinito e sua justiça consiste em dar a cada um "conforme suas obras".

"Esta é a lei" foi dito, isto é: conforme fizermos aos outros nos será feito.

Também disse Jesus:

> Que vos parece? Se algum homem tiver cem ovelhas, e uma delas se desgarrar, não irá pelos

---

8 YOGANDA, Paramahansa. ***Autobiografia de um Iogue.*** São Paulo, Summus, s.d. p. 121 nota 14.

9 Novo Testamento – Mateus 7: 9-12

> montes, deixando as noventa e nove, em busca da que se desgarrou? E se porventura a acha, em verdade vos digo que maior alegria tem por aquela, do que pelas noventa e nove que se não desgarraram. Da mesma forma, **é vontade de vosso Pai celeste que não venha a perder-se um só** desses pequeninos.[10] (grifo nosso)

O que Jesus quis dizer com isso? Um Deus que não quer que nenhum dos seus filhos se perca, os condenaria ao fogo eterno? Que contradição é esta?

Na excelente obra *O Céu e o Inferno*, Allan Kardec discute a fundo a questão das recompensas ou punições futuras. Diz em certo trecho:

> Foram os próprios seres que já deixaram a Terra que vieram nos iniciar nos mistérios da vida futura, descrever a sua situação feliz ou infeliz, as impressões que sofreram e a transformação por que passaram com a morte do corpo. (...) Trata-se (...) de inumeráveis exemplos fornecidos por espíritos de todas as categorias, desde a mais elevada até a mais baixa na escala, com a ajuda de numerosos intermediários espalhados por todos os pontos da Terra, de tal maneira que a revelação não é privilégio de ninguém, que cada um pode por si mesmo ver e observar e ninguém é obrigado a crer sobre a fé dos outros.

Diz ainda:

> A alma ou espírito sofre na vida espiritual as consequências de todas as imperfeições de que não se libertou durante a vida corpórea. Seu estado feliz ou infeliz é inerente ao grau de sua depuração ou das suas imperfeições (...) Não há uma só imperfeição da alma que não acarrete conseqüências desagradáveis, inevitáveis, e não há uma só qualidade boa que não seja fonte de ventura.[11]

10 Novo Testamento – Mateus 18: 12-14
11 KARDEC, Allan. *O Céu e o Inferno.* 3ª Ed. São Paulo, Lake, 1979. pgs. 81, 82.

Alguns defendem a existência do "purgatório" para as penas menos graves.

Mas o que é o purgatório e onde fica?

O Evangelho nada menciona a respeito. Esta crença surgiu na Igreja católica no ano de 563.[12] Foi uma alternativa que a Igreja encontrou para escapar de um nivelamento injusto, em extremo padecimento no inferno, ou extrema felicidade no céu, para faltas menos graves. De qualquer forma foi uma solução mais adequada. É natural que a pena seja proporcional à falta cometida.

Mas em que consiste exatamente o purgatório da Igreja Católica?

As almas ainda vão penar num fogo que não é eterno, é provisório, por tempo limitado.

Encontramos nesta suposição um sofrimento drástico, pois o fogo, mais ou menos intenso, nos parece uma tortura aterradora, injusta para alguém que não tenha coisas muito graves de que se acusar. Alguns entendem como fogo simbólico, mas será sempre sofrimento.

A concepção de purgatório no entanto é a idéia que mais se aproxima de uma situação de justiça.

O "dar a cada um segundo suas obras" representa retribuição proporcional, da mesma natureza. Mais ou menos como o "olho por olho" do Antigo Testamento.

Que idéia fazemos de Deus? Um velhinho de barbas brancas sentado diante de uma mesa, lavrando sentenças a seus súditos? É essa a idéia que fazemos do criador do Universo?

Esse é um pensamento primário, sem sentido, incompatível com os atributos divinos. Disse Jesus à mulher samaritana: "Deus é Espírito, e importa que os que o adoram o adorem em espírito e em verdade".[13]

Naturalmente Deus dispõe de leis perfeitas para a direção de tudo o que acontece no Cosmo. Percebemos na

---

12 *Apud,* KARDEC. op. cit. p.60

13 Novo Testamento – João 4: 24

natureza, a existência dessas leis em todos os setores. Elas existem na área física, também no campo energético e espiritual. Tudo é controlado *automaticamente*, até mesmo a justiça divina.

Conhecemos a 3a lei de Newton (Lei de Ação e Reação) que diz de forma simplificada: "A toda força de ação, corresponde uma de reação, da mesma intensidade e em sentido inverso".

Esta lei que opera no mundo material tem sua correspondência no plano espiritual. Por esse mecanismo os homens recebem para cada ação uma reação equivalente, numa distribuição da mais perfeita justiça, a qual geralmente nem podemos conceber.

Informam os espíritos, no ***Livro dos Espíritos*** de Allan Kardec (pergunta 964):

> Deus tem as suas leis que regulam todas as vossas ações. Se as violardes, a culpa é vossa. Sem dúvida, quando um homem comete um excesso, Deus não expende um julgamento contra ele, dizendo-lhe por exemplo: tu és um glutão e eu te vou punir. Mas ele traçou um limite: as doenças e por vezes a morte são conseqüências dos excessos. Eis a punição: ela resulta de infração da lei. Assim se passa em tudo.

Argumentos podem ser contrapostos a essa idéia, alegando-se por exemplo que grandes malfeitores deixam esta vida sem expiarem por seus crimes.

Mas quem afirma que expiariam obrigatoriamente nesta mesma vida?

Desde que nossa proposta é encontrar explicações lógicas, vamos procurá-las.

Qual a única possibilidade justa no caso precedente, se não houve ensejo de punição na vida atual? Evidentemente essa expiação só pode ser ***depois*** da vida presente. Mas como?

Seria essa punição levada a efeito no mundo espiritual

(inferno ou purgatório), ou seria de alguma outra forma, de modo que cada pessoa tivesse a oportunidade de receber exatamente segundo a "sua obra", sentindo em sua própria pele o que fez a outro sofrer?

A idéia do purgatório como fogo (ainda que passageiro), parece terrivelmente cruel e injusta, para ser distribuída à maioria, ou seja, a todos aqueles que cometem faltas menos graves. Seria talvez aplicável a alguém que tivesse queimado o seu semelhante.

(É interessante notar que em muitos incêndios na terra, pessoas perecem sem que aparentemente nada tenham feito para merecer semelhante suplício. Reflitamos sobre isso.)

A pena proporcional e justa parece ser aquela que reproduz uma condição semelhante à da falta cometida.

Quem foi injusto, sofre injustiça.

Quem matou o próximo, será morto.

Quem menosprezou o semelhante será menosprezado e assim por diante; assim como, por cada bem que se fez, outro bem semelhante lhe será feito. A Lei, por sua natureza, atua retribuindo o positivo tanto quanto o negativo.

Quem ajudou será ajudado; quem socorreu será socorrido; quem foi generoso receberá generosidade; quem amou será amado.

Disse Paulo na epístola aos Gálatas:

> Não vos enganeis: de Deus não se zomba. Porque aquilo que o homem semear, isso também colherá. Aquele que semeia na carne, da carne colherá a corrupção; mas o que semeia no espírito, colherá do espírito a vida eterna.[14]

Jesus já dissera, no célebre Sermão da Montanha: "... com o juízo com que julgardes sereis julgados, e com a medida com que tiverdes medido vos hão de medir a vós".[15]

Todas estas palavras revelam uma absoluta justiça distributiva, sempre proporcional ao ato: "a mesma medida".

14 Novo Testamento – Paulo — Gálatas 6: 7, 8.
15 Novo Testamento Mateus 7: 2

A idéia de purgatório é realmente a mais plausível na tríplice possibilidade: céu, inferno e purgatório; mas a lógica nos leva a crer que o purgatório é cumprido em grande escala aqui mesmo na terra, em nova existência, onde se tem a possibilidade de espiar, dentro de condições semelhantes ou equivalentes, as faltas cometidas anteriormente.

Muitas informações, como foi mencionado, nos têm chegado da vida além-túmulo por via mediúnica. Sabemos que também nesse outro plano de existência há condições que muito se assemelham à idéia purgatorial e mesmo infernal.

A título de elucidação, transcrevemos abaixo um esclarecimento vindo do mundo dos espíritos, na codificação de Allan Kardec.

Livro dos Espíritos, pergunta 1004 (referente às penas depois da morte):

> O que determina a duração dos sofrimentos do culpado?
> — O tempo necessário ao seu melhoramento. O estado de sofrimento e de felicidade sendo proporcionais ao grau de pureza do Espírito, a duração e a natureza dos seus sofrimentos dependem do tempo que ele precisa para se melhorar. A medida que ele progride e que os seus sentimentos se depuram, seus sofrimentos diminuem e se modificam (São Luís).

Pergunta 1013:

> O que se deve entender por purgatório?
> — Dores físicas e morais: é o tempo da expiação. É quase sempre na Terra que fazeis o vosso purgatório e que Deus vos faz expiar as vossas faltas.[16]

Há relatos de zonas sacrificiais no plano espiritual, zonas trevosas, que seriam correspondentes à idéia comum de

16 KARDEC, Allan. *O Livro dos Espíritos*. 38ª Ed. São Paulo, Lake, 1978, pgs. 400, 409.

inferno, por seus sofrimentos atrozes, para onde vão espíritos deliberadamente ligados à maldade e ao crime.

O que podemos deduzir, diante de tudo o que tivemos oportunidade de aprender a respeito, é que o retorno de nossos atos se nos apresenta tanto na vida espiritual, após o desencarne, quanto numa próxima existência na Terra. Seria no momento muito extenso investigar todas essas possibilidades, sobejamente explicadas nos livros espíritas.

O que importa é estarmos certos de que a justiça divina se cumpre rigorosamente, por mais que escapem os homens ao julgamento na Terra.

É importante ressaltar que não se trata de uma justiça punitiva, mas *educativa*; visa à regeneração da alma, ao seu reajustamento dentro das leis divinas. Não se trata de um Deus vingativo punindo seus filhos, mas do Pai amoroso, reconduzindo os transviados ao caminho do bem. Não há castigo eterno; há regeneração necessária.

Com nomes diferentes, essa lei de justiça é conhecida de todos os povos, e praticamente aceita do Oriente ao Ocidente. É a conhecida lei do karma, lei de ação e reação, lei de causa e efeito, como se queira nomear; uma lei de retribuição, de retorno.

Voltaremos posteriormente a esse assunto.

Vamos analisar a concepção de "céu".

Em primeiro lugar, seria interessante perguntar que idéia faz cada um do que seja céu?

Existe um céu? É um lugar específico? Aonde fica?

Ou a expressão se refere a um estado de felicidade?

Será que temos um conceito bem definido a esse respeito?

Sabe-se que usualmente essa expressão se refere ao espaço infinito, que nos rodeia.

No sentido religioso refere-se à suposta morada dos bem aventurados após a morte.

Examinemos um pouco algumas teorias a respeito do céu.

Na antiguidade, o céu era considerado como uma abóbada real, material, uma vasta cúpula cheia de ar, cujas bordas se apoiavam sobre a Terra. Daí o nome "firmamento" (derivado do latim *firmus* e do grego ***herma***, ***hermatos*** — firme, ponto de apoio). A Terra era considerada plana, e o centro de tudo o que existia.

A completa ignorância sobre o real posicionamento do nosso planeta no cosmo, sobre os astros e as leis da natureza, levou os povos antigos a considerar a Terra como foco principal da Criação, e tudo o mais girava em torno dela.

As próprias teorias religiosas sofreram essa influência, pois o céu era algo exclusivamente pertencente à Terra. Essas idéias primitivas duraram por muitos séculos e serviram de base para as cosmogonias antigas.

Hoje, quando olhamos para o firmamento, nossa idéia é bem mais ampla. A linda "abóbada" azul, iluminada pelo sol durante o dia, transmite-nos a sensação de paz e alegria, mas sabemos que além dela outros sóis, galáxias e planetas se estendem pela imensidão. O aspecto noturno, quando milhões, bilhões, trilhões de estrelas brilham no espaço infinito, infunde-nos uma sensação de mistério ante a grandeza do Universo.

Onde fica o céu de todas as religiões?

Todas elas afirmam a existência de algum lugar onde os bons serão recompensados e gozarão de felicidade.

A idéia a respeito de "céu" ou dos "céus" tem variado bastante conforme as várias teogonias conhecidas. Em geral há uma tendência para se admitir vários céus e não apenas um.

A palavra "céu" pressupõe um local determinado.

A palavra "céus" tem um sentido mais amplo.

Jesus se referiu inúmeras vezes ao Reino dos Céus. Usava a palavra ***céus*** usualmente, e não ***céu***, como comenta Huberto Rohden, referindo-se ao primeiro enunciado do "Pai Nosso" (Pai Nosso que estais nos céus):

> ... no texto grego do primeiro século, como também no texto latino dos tempos primitivos, e ainda da Vulgata de hoje, não lemos "céu",

> mas “céus” (en ouranois, in caelis, ambos no plural). Que quer o autor inspirado dizer com esse substantivo no plural: nos céus? Será que Deus está em muitos céus individuais? Não, esse plural indica a universalidade, o ilimitado, o infinito, o absoluto.[17]

A Sabedoria Antiga se reportava a vários céus, como Kardec resume bem em ***O Céu e o Inferno***:

> Os antigos acreditavam na existência de muitos céus superpostos, constituído de matéria sólida e transparente, formando as esferas concêntricas que tinham a Terra por centro. Essas esferas, girando ao redor da Terra, arrastavam com elas os astros encontrados nos seus circuitos. Essa idéia, decorrente da insuficiência dos conhecimentos astronômicos, foi a de todas as teogonias que fizeram dos céus, assim escalonados, os diferentes degraus da escala da beatitude. O último era a morada da suprema felicidade. Segundo a opinião mais comum, havia sete céus. Daí a expressão: Estar no sétimo céu para exprimir uma felicidade perfeita. Os muçulmanos admitiam a existência de nove céus, em cada um dos quais a felicidade dos crentes era maior. O astrônomo Ptolomeu contava onze, sendo o último chamado Empíreo em virtude da grande luminosidade que o caracterizava.[18]

Tudo isto que parece de alguma forma fantasioso, tem uma certa relação com aquilo que podemos entrever como realidade mais admissível sobre a vida após a morte. Tudo leva a crer que cada astro no Universo tem a sua própria esfera espiritual onde se concentram os espíritos que ali estão evoluindo. Vemos que, de maneiras diferentes as diversas doutrinas chegam a pontos comuns, que podem ser destacados e ponderados. Na realidade as idéias não se chocam com

17 ROHDEN, Huberto. ***Filosofia Cósmica do Evangelho.*** 3ª Ed. São Paulo, Alvorada, s. d. p. 52

18 KARDEC. opus. cit. p. 29

tanta intensidade. Geralmente se complementam. Muitas vezes são apenas ângulos diferentes de se ver a mesma questão. É sempre a mesma verdade velada por muitas alegorias.

Os orientais não se referem a céus, mas a *planos* de vida após a morte, que tem características próprias. Ouvimos falar em *plano astral*, *plano mental* etc..., num total de sete planos.

Diz Yogue Ramacharaca:

> Um plano é um estado da existência, e não um lugar em qualquer sentido da palavra. E o estudante há de aprender a eliminar a idéia de lugar, da idéia de plano.
> Um plano é uma condição ou um estado de atividade na energia do espírito, no qual o cosmos vive e se move e tem sua existência. Em qualquer ponto do espaço pode haver muitos planos de atividade.[19]

Estamos envoltos por um número indefinido de vibrações e energias, das quais não tomamos conhecimento consciente, embora convivam conosco no mesmo espaço. Podemos perceber sons à nossa volta que não se misturam; também é possível sintonizar num pequeno rádio diversas estações que também não se confundem; podemos falar com pessoas diferentes por um telefone celular, ou fazer conecção com o mundo via satélite ou internet, e temos ainda muitas outras possibilidades de ligações não totalmente conhecidas, dentro do campo das energias. Todas essas forças, embora diferentes, não interferem umas sobre as outras embora convivam no mesmo ambiente, porque estão em graus vibratórios e freqüências diferentes. Da mesma forma, os "planos espirituais" coexistem no espaço, sem se misturarem, pela diferença vibratória.

A ciência avança celeremente no rumo de novas e sensacionais descobertas. O primeiro passo no desenvol-

19 RAMACHARACA, Iogue. *A vida depois da morte.* São Paulo, Pensamento, 1976, p. 26.

vimento do homem, foi o de aprender a conquistar a natureza através da força bruta. Novas habilidades e maior destreza foram aperfeiçoando o seu trato com o planeta. A inteligência foi se aprimorando através dos séculos. Estamos atualmente numa época preponderantemente mentalista. O próximo passo é o avanço ao mundo do espírito, às conquistas nessa área. Mas o ser humano ainda tende a se concentrar nos aspectos materiais da existência, naquilo que ele pode ver e tocar.

Ante a dificuldade existente de se assimilar idéias abstratas, o conceito de *céu* adquiriu para muitos a feição de um "lugar" determinado, quando na realidade é um estado vibratório, um plano de existência, com muitas e variadas condições. Naturalmente, o que diz respeito ao "céu", devemos entender como um plano ou um estado vibratório de ventura e felicidade. Não é uma condição única e igual para todos; são vários níveis, conforme o merecimento e grau de desenvolvimento de cada um.

Poderíamos dizer o mesmo quanto ao inferno. São muitas as condições após a morte que poderíamos chamar de infernais, por serem de muito sofrimento; mas não no sentido clássico de um padecer eterno, num caldeirão fumegante sobre um fogo que nunca se apaga.

Para compreender melhor a situação dos "planos do além", voltamos a explicações de Yogue Ramacharaca:

> É difícil explicar claramente o que significa esta palavra "plano". O seu sentido aproxima-se muito do que tem o termo "estado". Uma mesma porção do espaço pode ser ocupado ao mesmo tempo por vários planos, assim como uma sala pode ser enchida com os raios solares, raios de uma lâmpada, raios X, vibrações e ondas magnéticas e elétricas etc., que todos se interpenetram reciprocamente, sem entretanto, afetar ou interferir uns com os outros.
>
> Nos planos inferiores do mundo astral encontram-se as almas apegadas à terra que abandonaram seus corpos anteriores, mas são atraídas

> às cenas terrestres por fortes impulsos, que as fazem pender para baixo e não as deixam elevar-se a planos mais altos. Nos planos superiores estão as almas que são menos vinculadas por atrações terrestres e que por conseguinte, estão livres do peso resultante de atrações. Há muitos planos ali, que formam uma escala ascendente, sendo cada plano mais alto, mais espiritual do que o debaixo dele. E em cada um destes planos residem as almas que se acham nas condições apropriadas para ocupá-lo, em razão do seu grau de desenvolvimento ou evolução espiritual.[20]

Parece útil justapor explicações provindas de fontes diferentes, no intuito de tornar mais claros os conceitos que se complementam dentro de um mesmo raciocínio, comum a muitas filosofias e religiões.

Charles Webster Leadbeater, conhecido teósofo, foi um dos mais extraordinários clarividentes de que se tem notícia na história. Penetrava com sua vidência aguçada diversos níveis do mundo extra-físico e nos trouxe grande contribuição para melhor compreendermos os fenômenos da espiritualidade. Disse ele:

> Já falamos sobre as faculdades latentes por cujo meio é possível conhecer-se diretamente o mundo invisível e ver-se a vida de ultra-tumba com tanta clareza e tão minuciosos pormenores como ao nosso redor vemos a vida física. / Tem-se observado que a morte, longe de alterar repentinamente as qualidades do homem ou de levá-lo em puro espírito a um céu além das estrelas, deixa-o pelo contrário, exatamente o mesmo que era antes de morrer, com suas peculiares potências e faculdades. De modo que ele se encontra, depois de seu falecimento, nas condições por ele mesmo determinadas. – O primeiro e mais importante fato é que a vida astral não é uma nova vida, e sim uma continuação da presente, e que longe de estarmos

---

20 RAMACHARACA, Yogue. *Jnana-Yoga.* 6ª Ed. São Paulo, 1968, p. 204.

> separados dos mortos, estes nos rodeiam a toda hora. O que deles nos afasta é a limitação de nossa consciência, de maneira que não perdemos os nossos parentes, e sim, a faculdade de vê-los.[21]

Estas palavras estão em absoluta concordância com a do credenciado autor espírita, Léon Denis:

> Foi somente depois do aparecimento do espiritualismo experimental que o problema da sobrevivência entrou no domínio da observação científica rigorosa. O mundo invisível pôde ser estudado por meio de processos e métodos idênticos aos adotados pela ciência contemporânea nos outros campos de investigação. (...) — (...) estes estudos nos mostraram na vida do Além o prolongamento natural, a continuidade do que observamos em nós. A persistência da vida consciente, com todos os atributos que comporta, memória, inteligência, faculdades afetivas, foi estabelecida pelas numerosas provas de identidade pessoal recolhidas no decurso de experiências e investigações dirigidas por sociedades de estudos psíquicos em todos os países. Os espíritos dos defuntos têm-se manifestado aos milhares, não somente com o cunho de caráter e a totalidade das recordações que constituem a sua personalidade moral, mas também com as feições físicas e as particularidades da sua forma terrestre, conservadas pelo perispírito ou corpo etéreo.

E diz mais adiante:

> O nosso mundo e o Além não estão separados um do outro, provam-no esses fatos a que se podiam juntar muitos outros da mesma ordem. Estão um no outro; de alguma sorte se enlaçam e estreitamente se confundem. Os homens e os espíritos misturam-se. Testemunhas

---

21 LEADBEATER, C.W. *O que há além da morte*. São Paulo, Pensamento, 1979, pgs.75, 76, 77.

invisíveis associam-se à nossa vida, compartilhando de nossas alegrias e provações.[22]

A seguir temos um trecho em completo acordo com o de Ramacharaca:

> A situação do Espírito depois da morte é a conseqüência direta das suas inclinações, seja para a matéria, seja para os bens da inteligência e do sentimento. Se as propensões sensuais dominam, o ser forçosamente se imobiliza nos planos inferiores que são os mais densos, os mais grosseiros. Se alimenta pensamentos belos e puros, eleva-se a esferas em relação com a própria natureza dos seus pensamentos.

Hoje, os relatos trazidos pelos próprios espíritos, das diversas situações após a morte, oferecem-nos um panorama bastante rico em informações, com muitos pormenores sobre as mais variadas condições experimentadas pelos desencarnados. Inúmeras são as possibilidades conforme o mérito de cada um.

Lembremos ainda uma vez o que disse Jesus:

> Não se turbe o vosso coração. Credes em Deus, crede também em mim. Há muitas moradas na casa de meu Pai. Se assim não fosse, eu vo-lo teria dito; pois vou preparar-vos o lugar.[23]

---

22 DENIS, Léon. *O problema do ser, do destino e da dor.* 11ª Ed. São Paulo, Feb, 1979, pgs. 147, 148,149, 150.
23 Novo Testamento – João 14: 1, 2.

Capítulo 7

Muitas vidas - reencarnação

Outra possibilidade a ser analisada, para o cumprimento da perfeita justiça divina, é a do retorno do espírito à vida terrena em novo corpo.

É o processo conhecido como reencarnação.

A reencarnação é praticamente reconhecida por todas as religiões orientais. Milhões de pessoas no mundo a tem como inquestionável.

Rememoremos algumas indagações.

Seria Deus justo, criando homens para viverem na idade da pedra e da barbárie, com dificuldades imensas de sobrevivência, outros em tempos e condições também muito difíceis das épocas antigas, outros na era moderna, dispondo dos recursos cada vez mais sofisticados para ajudar a sua existência?

Por que o homem de hoje prepara no microondas um saboroso prato, enquanto o homem das cavernas precisava caçar o bicho para se alimentar?

Mesmo considerando apenas os dias contemporâneos, encontramos diferenças gritantes: por que um nasce na mais terrível miséria, padecendo as mais angustiosas privações, enquanto outro nasce na riqueza e opulência, desfrutando de todos os gozos que a vida moderna pode proporcionar?

Por que um nasce com visão e o outro cego?

Por que nascem gênios como Mozart, Beethoven, Rembrandt e outros que com pouca idade já demonstram sua alta capacidade intelectual, enquanto outros, já adultos, evidenciam completos sinais de debilidade mental?

Por que tantas diferenças em nosso planeta?

Poderíamos estender ao infinito a enumeração de todas as aparentes contradições...

Quando fazemos estas perguntas a pessoas que não crêem na reencarnação, muitas respondem simplistamente:

— Porque Deus quis assim.

É resposta fácil, mas nada explica. É preciso ir mais fundo para tentar entender o que está por trás dessa terrível e absurda injustiça. Ou Deus é justo, ou não é! Ou concede privilégios — deixando obviamente de ser justo — ou não concede! Ou tem amor por seus filhos, ou não tem! Onde o sentido de tantas diferenças? Deus nos deu inteligência e capacidade para pensar. Não somos obrigados a acreditar em nada que a nossa razão não aceite.

Somente a teoria da reencarnação coloca as coisas no lugar e responde a todas as questões.

Se pararmos um pouco para raciocinar, isentos de preconceitos, deixando um pouco de lado o que possamos ter aprendido, liberando nossa própria mente para tirar conclusões, veremos que esta é a mais lógica possibilidade para explicar as aparentes diferenças sociais, injustiças, privilégios etc., levando-nos a um entendimento de que a Justiça Divina se realiza em tempo mais extenso que o de uma única existência na Terra.

Observando as teorias das grandes religiões percebemos um grande e esplendoroso plano divino para todas as criaturas. Um plano de desenvolvimento e evolução.

As almas progridem e aprendem, desenvolvendo suas potencialidades em vidas sucessivas através dos séculos e dos milênios.

Se admitirmos por hipótese, que nós que desfrutamos hoje de todas as facilidades da época moderna, ***somos os mesmos homens*** que viveram na era das cavernas e que fomos conquistando lentamente o progresso que atualmente usufruímos, a suposta injustiça desaparece.

Se pensarmos que no decorrer dessas existências vamos tendo a oportunidade de acertar e de errar porque somos livres, mas também somos responsáveis por nossos atos, respondendo pelo que fazemos, ficará mais fácil entender algumas diferenças e a justiça dos acontecimentos.

Nas múltiplas encarnações por que já passamos fizemos uma grande semeadura através dos nossos pensamentos, palavras e atos. Em cada uma, inclusive nesta presente, semeamos continuamente coisas novas e também vamos colhendo o que foi plantado no passado.

Isto é parte do grande plano divino de evolução, onde o amor e a justiça de Deus vão atuando constantemente envolvendo a todos os seres. As almas inocentes, recém-saídas das mãos do Criador, vão conquistando por merecimento próprio estágios cada vez mais elevados de existência e de consciência, onde suas experiências e aprendizado, no seio de diversos povos e diversas condições sociais, vão enriquecendo sua bagagem espiritual. O espírito grava em sua memória estas aquisições que vão se somando através dos tempos. São conquistas que não lhe podem ser tiradas. Assim a inteligência se desenvolve e também outras qualidades da alma.

Durante este percurso, os erros vão sendo sanados pela ação das próprias leis divinas.

Pela lei do carma o homem colhe o fruto de seus atos, aprende com o sofrimento e não erra mais. Vai atingindo níveis evolutivos cada vez mais elevados, onde as conquistas desse aprendizado se transformam em sabedoria, e onde o aprimoramento dos sentimentos se transforma na mais elevada expressão do amor universal.

A crença na reencarnação remonta à antiguidade. O bramanismo, na Índia, já a ensinava, assim como a doutrina dos Vedas (1300 a.C.)

Conforme informa Karl Muller no excelente livro:

Reencarnação baseada em fatos, a tradição mais antiga vem do Egito, onde se tem referências à reencarnação 3000 anos a.C.: "Antes de nascer, a criança viveu e a morte não é o fim. A vida é um evento que passa como o dia solar que renasce".[1]

A conceituada teosofista dra. Annie Besant, fala-nos sobre a reencarnação:

> Se é certo ser difícil conseguir que qualquer verdade nova se faça ouvir no meio da luta e das discussões características da nossa civilização moderna, ainda mais difícil é conseguir que se dêem ouvidos a uma grande verdade que se fez nova à força de ser antiga.
> (...) Ora, a reencarnação é uma verdade que fez vibrar os espíritos de inúmeros milhões de criaturas da nossa raça, durante séculos, e moldou os pensamentos da grande maioria.
> (...) Não resta a menor dúvida de que as grandes religiões históricas do Oriente admitiam a doutrina da reencarnação como um dogma fundamental. Na Índia, no Egito, ela era a base da ética.

Explica de maneira simples o que vem a ser reencarnação:

> A teoria da reencarnação afirma, pois, segundo a filosofia esotérica, a existência de um princípio vivo e individualizado que habita e vivifica o corpo do homem e que, por morte deste corpo, passa a outro após um intervalo mais ou menos longo. Deste modo as vidas corporais sucessivas sucedem-se como pérolas num fio, sendo este fio o princípio vivo e as pérolas as diferentes vidas humanas.[2]

Essa comparação com o colar de pérolas é atribuída a Buda.

---

1 *Apud*, MULLER, E. Karl. ***Reencarnação baseada em fatos.*** 4ª Ed. São Paulo, Edicel, 1986, p. 23.

2 BESANT, Annie. ***Reencarnação.*** São Paulo, Pensamento, s.d. pgs. 9,11, 19

> A meta final da doutrina budista é o término da corrente de encarnações contínuas. Buda deu a entender que a vida terrena acarretava sofrimentos e que, por esse motivo, as reencarnações deviam ter um fim. Atribuía o renascimento à sede pela vida material, e, portanto ensinava a abstenção de todos os desejos físicos.[3]

Voltando ao ***Bhagavad Gita***, livro sagrado da Índia, encontramos mais uma vez as instruções de Krishna a Arjuna:

> Assim como a alma, vestindo este corpo material, passa pelos estados de infância, mocidade, virilidade e velhice, assim, no tempo devido, ela passa a um outro corpo, e em outras encarnações viverá outra vez. ... Como a gente tira do corpo as roupas usadas e as substitui por novas e melhores, assim também o habitante do corpo (que é o Espírito), tendo abandonado a velha morada mortal, entra em outra, nova e recém preparada para ele.[4]

Na Grécia, foram Pherekydes e Pitágoras que introduziram a doutrina dos renascimentos sucessivos.

Gabriel Delanne, no livro ***A Reencarnação*** faz um estudo detalhado do assunto. Referindo-se a Pitágoras, diz que ele tinha dois tipos de doutrina: uma reservada aos iniciados que freqüentavam os Mistérios (eram os ensinamentos secretos, esotéricos, destinado a poucos, como já comentamos) e outra destinada ao povo.

> Havia pois, na antiguidade grega, dois ensinos, um para a multidão, outro para os homens instruídos, aos quais se revelava a verdade, depois que eles tinham passado pela iniciação, a que chamavam mistérios...
> Vê-se qual era a importância moral e civilizadora dos Mistérios. Com efeito, ensinava-se secretamente:

3 *Apud*, MULLER, E. Karl. *Opus cit.* p. 25

4 ***Bhagavad Gita*** – São Paulo, Pensamento, 1976, Cap. II: 13, 22. pgs. 28, 31.

> 1º) A unidade de Deus
> 2º) A pluralidade dos mundos e a rotação da Terra, tal como foi afirmada mais tarde por Copérnico e Galileu;
> 3º) A multiplicidade das existências sucessivas da alma.[5]

Delanne nos dá um apanhado histórico de como a doutrina da reencarnação fazia parte da crença de grandes religiões do passado e também de personalidades do mundo da ciência e da filosofia, como Platão, Plotino, Jâmblico etc.

Francisco Valdomiro Lorenz, no livro ***Raios de Luz Espiritual***, tem interessante capítulo sobre a reencarnação, enumerando várias personalidades conhecidas que professaram essa crença, como: Empédocles, Ovídio, Virgílio, Lamartine, Alexandre Dumas (Pai), Victor Hugo, Pierre Loti e muitos outros. Cita alguns, como o imperador romano Juliano, que se lembravam de encarnação anterior.

Os judeus (com exceção dos saduceus) acreditavam na reencarnação, a que chamavam "ressurreição". Embora essa idéia não esteja definida com clareza nos antigos textos, podemos observar que ela fazia parte da crença usual dos judeus. O ***Talmud*** e a ***Cabala*** aceitam a idéia reencarnatória, conforme comenta Karl Muller na obra citada.

Complementa Léon Denis:

> Em suas obras faz o historiador judaico Josefo profissão de sua fé na reencarnação; refere ele que era essa a crença dos fariseus. O padre Didon o confirma nestes termos, em sua ***Vida de Jesus***: "Entre o povo judeu e mesmo nas escolas acreditava-se na volta da alma dos mortos na pessoa dos vivos".[6]

Vemos essa idéia sugerida no Evangelho, em passagem do texto de João: "E passando Jesus, viu um homem cego de nas-

5 Opus cit. pgs. 23, 24.

6 DENIS, Léon. ***Cristianismo e Espiritismo.*** 8ª Ed. Rio de Janeiro, Feb, 1987, p. 273.

cença. E os seus discípulos lhe perguntaram, dizendo: Rabi, quem pecou, este ou seus pais, para que nascesse cego?".[7]

Ora, como poderia o homem ter pecado nessa sua vida presente, para que esse pecado lhe ocasionasse a cegueira "de nascença"?

A pergunta implica uma pressuposição de que o cego poderia ter pecado antes de nascer, para merecer o castigo.

A crença na reencarnação era normal no cristianismo primitivo.

São muitas as passagens do Evangelho que deixam essa idéia claramente estabelecida.

O fato mais elucidativo é o conhecido caso de João Batista como reencarnação de Elias. Os judeus esperavam a volta de Elias conforme promessa constante no Antigo Testamento. Os textos evangélicos falam por si; basta que não queiramos distorcê-los com interpretações fantasiosas.

Narra Mateus, no capítulo 11 de seu Evangelho, que Jesus falava ao povo acerca de João Batista. Em certo trecho diz "E, se quereis dar crédito, é este o Elias que havia de vir." (Mat. 11: 14) As palavras são claras, não deixando nenhuma margem a dúvidas.

No episódio da transfiguração (Mateus: 17: 1-13) , após todo o acontecimento principal em foco, Jesus diz aos apóstolos que a ninguém contassem a visão que tinham presenciado até que o "Filho do homem seja ressuscitado dos mortos" e continua o texto: "E os seus discípulos o interrogaram, dizendo: Por que dizem então os escribas que é mister que Elias venha primeiro?

E Jesus, respondendo, disse-lhes: Em verdade Elias virá primeiro, e restaurará todas as coisas; Mas digo-vos que Elias já veio, e não o conheceram, mas fizeram-lhe tudo o que quiseram. Assim farão eles também padecer o Filho do homem.

Então entenderam os discípulos que lhes falara de João Batista".

7 Novo Testamento – João 9: 1, 2.

O episódio entre Jesus e Nicodemos (no capítulo 3 de João), também é bastante elucidativo. Nicodemos era pessoa de grande cultura e interessa-se pelos feitos de Jesus. Vai procurá-lo e diz-lhe: "Rabi, bem sabemos que és Mestre, vindo de Deus; porque ninguém pode fazer estes sinais que tu fazes, se Deus não for com ele".

Jesus respondeu: "Na verdade, na verdade te digo que aquele que não nascer de novo, não pode ver o reino de Deus".

Segue-se um diálogo que dá margens a várias interpretações. O renascimento pode ser moral, religioso etc... Mas porque negar-lhe o sentido mais óbvio?

Jesus repete-lhe mais a frente: "Não te maravilhes de ter dito: Necessário vos é nascer de novo".

O vento sopra onde quer, e ouves a sua voz, mas não sabes donde vem, nem para onde vai; assim é todo aquele que é nascido do Espírito.

Nicodemos respondeu, e disse-lhe: Como pode ser isto?

Jesus respondeu e disse-lhe: Tu és mestre em Israel, e não sabes isto?

Na verdade, na verdade te digo que nós dizemos o que sabemos e testificamos o que vimos; e não aceitais o nosso testemunho.

Se vos falei de coisas terrestres, e não crestes, como crereis, se vos falar das celestiais?"

É notório, nesse diálogo, que o assunto tratado era profundo. Jesus admira-se de que Nicodemos ignorasse uma questão que era parte da crença judaica. O nível geral de maturidade religiosa dos homens da época, entretanto, ainda não estava adequado para revelações mais profundas.

Temos muitas declarações respeitáveis de que a reencarnação fazia parte dos primeiros ensinamentos cristãos.

Iogue Ramacharaca, no livro ***Cristianismo Místico***, transcreve vários trechos pertencentes a Orígenes (185-254), um dos principais escritores da Igreja cristã primitiva, plenamente em acordo com a doutrina reencarnacionista, e ao final dessas narrativas, conclui:

> Depois das citações acima, podeis duvidar de que a metempsicose, reencarnação ou renascimento e o carma eram professados e ensinados como verdadeira doutrina pelos padres da primitiva igreja cristã? Não vedes que naquele tempo se achavam os dois ensinos gêmeos: a reencarnação e o carma, no seio do cristianismo? Por que, pois, persistir em tratá-los como coisas importadas da Índia, Pérsia ou Egito para perturbar a paz e quietude da Igreja Cristã? .... A doutrina da reencarnação foi repelida por certas influências na igreja do sexto século. O Segundo Concílio de Constantinopla (em 553) condenou-a como heresia, e desde aquele tempo a cristandade renegou-a e exterminou-a, perseguindo-a com a espada, estacas e prisão.[8]

O assunto "reencarnação" é muito vasto e comporta por si um ou mais volumes inteiramente dedicados ao tema, como muitos autores conceituados já o fizeram. Podemos citar, exemplificando, a dra. Annie Besant, Gabriel Delanne, além de muitos outros.

Não é propósito deste livro um aprofundamento de tal ordem, mesmo porque aquele que se interessar em estudar mais esta matéria poderá sempre consultar as obras específicas. O objetivo é apenas o de despertar o pensamento para este tema, que é fundamental para o direcionamento adequado das nossas vidas. É um ponto básico sobre o qual se ergue todo um edifício ético e moral.

Atualmente, um novo desenrolar para o assunto se abre, com as conquistas contemporâneas.

Muita investigação já se estabeleceu no mundo sobre a questão da reencarnação. Muitas manifestações dos espíritos a esse respeito também estão à nossa disposição.

---

8 RAMACHARACA, Iogue. *Cristianismo Místico*. São Paulo, Pensamento, s.d., p. 171.

Diz o conhecido engenheiro e pesquisador brasileiro, dr. Hernani Guimarães Andrade (já falecido), na apresentação do já citado livro ***Reencarnação baseada em fatos***, de Karl E. Muller:

> A reencarnação foi considerada como dogma, constante das crenças mais antigas, principalmente as orientais. O estudo e a pesquisa sistemática principiaram a ser feitos a partir do século XIX, tanto no Ocidente como no Oriente. Hoje em dia, pode-se afirmar que a reencarnação é objeto de investigação científica rigorosa. ... A importância da pesquisa da reencarnação, em bases científicas, está sendo reconhecida em todo o mundo, sendo raros os parapsicólogos que a ela não votem particular atenção. O número de obras tratando dessa matéria cresce dia a dia, sendo excusado encarecer a importância do lançamento de trabalhos de investigadores sérios como este do dr. Karl Muller.[9]

O dr. Hernani G. Andrade, fundador do Instituto Brasileiro de Pesquisas Psicobiofísicas, é autor de vários livros na área espiritualista, e também de um livro excelente, específico sobre pesquisa reencarnatória: ***Reencarnação no Brasil***. Disse Freitas Nobre no prefácio desta obra, referindo-se ao autor:

> Sua obra que já ultrapassou os limites territoriais do Brasil e da própria América Latina, é fonte permanente de consulta de todos os que estudam fenômenos parapsicológicos, os fenômenos mediúnicos, as origens da vida em relação às encarnações sucessivas e, ainda, os aspectos científicos do material utilizado na pesquisa, a montagem dos instrumentos científicos indispensáveis, a física nuclear ou a engenharia genética. ... / Não se pode dizer que seja a primeira obra que trate da reencarnação em nosso país, mas pode-se afirmar com segurança que é o primeiro trabalho com método científico que se publica aqui.[10]

9 MULLER, E. Karl. Opus cit. Apresentação.

10 ANDRADE, Hernani Guimarães, ***Reencarnação noBrasil***. 1ª Ed. Matão, O Clarim, 1988, Prefácio.

Estes livros de estudos a respeito da reencarnação, são de grande interesse para todos os que quiserem se aprofundar nessa busca. Referem-se a pesquisas feitas em torno de lembranças que algumas pessoas conservam de encarnações anteriores, principalmente crianças. Essas lembranças são investigadas com todos os cuidados possíveis para se afastar qualquer outra hipótese diferente, que possa justificar a informação fornecida. São pesquisados os fatos relatados, os nomes, as datas, os lugares, verificados documentos comprobatórios disponíveis, fazendo-se depois, sempre que possível, o teste de confronto pessoal do informante com o cenário da encarnação anterior. Há casos também em que se registram as "marcas de nascença", correspondentes a ferimentos que em outra encarnação a pessoa adquiriu e que de alguma forma, as vezes se refletem no corpo atual. Por exemplo: alguém que tenha levado um tiro nas costas em encarnação anterior, pode *eventualmente*, ao renascer, trazer pequena cicatriz ou marca no mesmo local.

Dr. Karl Muller estuda o assunto de maneira ampla, sob vários enfoques. Dr. Hernani apresenta vários casos de reencarnação pesquisados no Brasil. A obra considerada clássica neste assunto é a do médico americano dr. Ian Stevenson, como menciona o próprio dr. Hernani em seu livro:

> Entre os melhores trabalhos acerca dos casos de pessoas com recordações de vidas anteriores, colocam-se os do dr. Ian Stevenson, médico psiquiatra e professor da Universidade de Visgínia, nos Estados Unidos da América. Desde 1961, ele tem viajado por diversos países do Oriente (Índia, Burma, Tailândia, Ceilão, Turquia, Líbano, Sri Lanka) e do Ocidente (Alaska, Canadá, Estados Unidos, Brasil etc.) à procura de casos de reencarnação. Além de inúmeros trabalhos publicados em periódicos especializados e também leigos (*The Journal of Nervous and Mental Disease*), dr. Stevenson lançou como parte dos Proceedings da American Society for Psychical Research, Vol. XXVI,

> setembro 1966, o livro que se tornou um clássico no gênero: *Twenty Cases Suggestive of Reincarnation*, traduzido para o português sob o título ***Vinte Casos Sugestivos de Reencarnação***; São Paulo: Editora Difusora Cultural, 1970.[11]

Este livro é extremamente importante pela qualidade da investigação que apresenta e pelos casos impressionantes relacionados. São vinte situações, entre centenas que foram pesquisadas, que fornecem excelente material de estudo para qualquer pessoa que queira conhecer melhor esse assunto. Nossa idéia nomeando estas obras é colocá-las como indicação ao leitor, caso deseje fazer alguma consulta.

Não poderíamos deixar de incluir nesta relação o livro ***Vida Pretérita e Futura*** do dr. H. N. Banerjee, que dedicou vinte e cinco anos de estudos à pesquisa sobre reencarnação; viajou por todo o mundo, como o dr. Stevenson, tendo trazido uma grande colaboração ao entendimento da matéria. Diz o dr. Banerjee no prefácio de seu livro:

> Os casos descritos neste livro não se baseiam no ouvir dizer nem em estórias de jornais; **baseiam-se em pesquisas que fiz através de rigorosos métodos científicos**. Meu estudo sobre a reencarnação foi concebido à luz de várias hipóteses, tais como: a fraude, a captação de lembranças através de meios normais, e a percepção extra-sensorial. Ao ter conhecimento dos casos apresentados, o leitor perceberá que, **antes de aceitar a reencarnação como válida, eu fiz o máximo para estudar as outras explicações possíveis**". (grifo nosso)

Em seu livro, o dr. Banerjee apresenta vários casos investigados.

Selecionamos algumas palavras suas, do capítulo de conclusão:

---

11 ANDRADE, H.G. Opus cit. p. 5.

> Depois de mais de vinte e cinco anos de viagens e investigações de âmbito mundial, estou inteiramente convencido de que há certo aspecto da personalidade humana – mente, espírito, dêem-lhe o nome que quiserem – que sobrevive à morte física. .... / A evidência da sobrevivência humana após a morte que coligi é extensiva e suficientemente dramática para fazer de mim um verdadeiro crente no fenômeno da reencarnação. .../ A ciência convencional tem mostrado que as mulheres e os homens modernos evoluíram para o seu atual estado. É lógico, pois, ir um pouco mais além e dizer que a evolução continua num processo de nascimento, morte e renascimento."[12]

Esta sua última afirmação nos faz recordar a inscrição sobre o túmulo de Allan Kardec, no cemitério ***Père Lachaise*** em Paris: ***Naitre, mourir, renaitre encore, e progresser sans cesse, telle est la loi*** (Nascer, morrer, renascer outra vez, e progredir sem cessar, tal é a lei).

Essas pesquisas mencionadas sobre reencarnação foram feitas dentro das normas que mais aproximadamente se pode chamar de investigação científica, tendo sido tomados todos os cuidados possíveis para se eliminar quaisquer outras hipóteses que pudessem ser levantadas.

Paralelamente a essas investigações, correm outros tipos de estudos, trabalhos e documentações, decorrentes de recordações de vidas passadas induzidas por hipnose. São numerosos os profissionais adeptos desse gênero.

É conhecido o trabalho da dra. Helen Wambach, nos Estados Unidos. Dra. Helen trabalhava como psicóloga no Centro Médico de Monmouth, em Long Branch, Nova Jérsei. Como ela mesma afirma, tinha uma vida cheia de atividades e não se lembrava de ter tido sentimentos místicos em seu passado; positivamente não se julgava portadora de poderes psíquicos. Passou certa vez por uma experiência

12 BANERJEE, Dr. H. N. *Vida pretérita e futura.* Rio de Janeiro, Nórdica [1979], pgs.14,117,119.

que a tocou profundamente e deu início a importante estudo que então efetuou, vindo a contribuir significativamente para comprovar a tese da reencarnação.

É bastante interessante conhecermos essa primeira experiência que ela vivenciou, através de suas próprias palavras:

> Achava-me numa saleta cheia de velhos livros bolorentos, no andar superior de um edifício quacre, que fora visitar naquele dia. Nos últimos quinze minutos passara pelo que agora percebo ter sido um estado alterado de consciência. O livro que o provocara continuava na minha mão quando voltei a orientar-me para o presente. Fitei os olhos nele, mas o livro já perdera o poder de conduzir-me a um tempo e a um lugar anteriores. – Quando entrei na casa pela primeira vez, eu era apenas uma turista domingueira que viera visitar um obscuro monumento comemorativo. Enquanto subia a escada que levaria ao segundo andar, apoderou-se de mim a sensação de estar em outro tempo e em outro lugar. Ao entrar na bibliotecazinha, vi que me dirigia automaticamente para a estante de livros e tirava um deles do lugar. Eu parecia "saber" que aquele livro tinha sido meu e, ao olhar para as páginas, uma cena surgiu-me diante da vista interior. Eu atravessava um campo destocado montada num burro e trazia aquele livro apoiado na sela à minha frente. O sol me queimava as costas e minhas roupas eram comuns. Eu sentia o animal mover-se debaixo de mim enquanto continuava sentada na sela, profundamente absorta na leitura do livro, que descrevia a experiência de um ministro em estado de coma, ou seja, no estado intermediário entre a vida e a morte. Eu parecia conhecer-lhe o conteúdo antes mesmo de virar-lhe as páginas. Poucos momentos se passaram antes do meu regresso ao presente. A experiência me perturbava, porque eu me tinha na conta de uma psicóloga convencionalmente "respeitável", sem quaisquer sinais óbvios de perturbação mental. Por que experimentara essa desorientação? Por que tivera a sensação

> de que o livro era meu? E, o mais curioso de tudo, por que me achava de repente em outro corpo e em outro período de tempo?[13]

Acompanhemos um pouco mais o desenrolar dos fatos acima, nas palavras de dra. Helen:

> Esse encontro com o misterioso despertou-me para a consciência de que havia inúmeros mistérios ainda não resolvidos. Seria minha experiência pura fantasia ou refletia uma realidade de que eu nunca suspeitara antes? — Foram precisos dez anos e mais de duas mil sessões de regressão hipnótica para encontrar uma resposta a essa pergunta. (opus cit. p. 2)

Desenvolveu então um trabalho muito cuidadoso com análises de regressões feitas por meio de hipnose. Embora o método fosse diferente dos que já citamos, a pesquisa foi também extraordinária e bastante interessante, comprovando a mesma realidade já entrevista através de outros métodos.

Com seus numerosos pacientes, alguns regredindo até épocas antiqüíssimas, ela pode pesquisar as raças em que nasceram, as classes sociais, a distribuição dos sexos, as roupas usadas nas diversas vidas, os tipos de calçados, os utensílios domésticos, as comidas, as experiências de morte etc. Muitos pacientes (21%) regressaram a vidas anteriores à era cristã, fornecendo um rico material para estudo.

Seria cansativo para o leitor o relato das experiências de cada autor que vem se dedicando a esse estudo, que embora seja tema de interesse não seria o caso neste momento.

Apenas gostaríamos de citar alguns testemunhos mais modernos, alguns trabalhos que vêm tendo destaque ultimamente, como o do dr. Morris Netherton nos Estados Unidos, que desenvolveu um método de terapia através de regressão a vidas passadas. Nosso objetivo, é bom esclarecer, não é apoiar ou questionar o método terapêutico, mas

13 WAMBACH, dra. Helen. ***Recordando vidas passadas.*** São Paulo, Pensamento, s.d., p. 01.

acrescentar informações que de formas diferentes levam às mesmas conclusões sobre o processo reencarnatório. Para tanto, deixamos como esclarecimento, algumas palavras do dr. Netherton:

> Os povos ocidentais tendem a encarar a reencarnação em termos do oculto e do bizarro. A reencarnação, porém é parte do fundamento da filosofia praticada por novecentos milhões de hindus, budistas e jainistas. Para essas pessoas a idéia de que vivemos mais de uma vez é de fato tão comum na vida como são os credos religiosos ocidentais para nós. Essas pessoas representam perto de um terço da população mundial. / ... devo expressar de pronto minha crença pessoal de que a reencarnação na verdade ocorre. Eu não fui, contudo, influenciado a crer nisso, nem pelo ocultismo, ou por religiões orientais. Minha crença se desenvolveu a partir do acompanhamento das minhas observações até sua conclusão lógica. Baseado nos casos que cuidei pessoalmente e da pesquisa independente que tenho feito, sinto que a teoria da reencarnação explica mais logicamente os fenômenos que testemunhei. – Pelo espaço de dez anos tive um mesmo evento narrado a mim em detalhes, por dezoito pacientes distintos, que de forma nenhuma, poderiam ter-se conhecido entre si. Pude verificar fatos como datas de catástrofes marítimas e suicídios obscuros, baseando-me em material fornecido por pacientes que não tinham o menor conhecimento de tais fatos. .../ A evidência da reencarnação é suficientemente forte para não mais ser alijada como uma brincadeira ou uma idéia lunática de algum movimento ocultista."[14]

Poderíamos citar ainda a dra. Edith Fiore e seu trabalho terapêutico com vidas passadas,[15] as pesquisas tão conhecidas do dr. Raymond Moody Jr., doutor em medicina pelo Medical College of Georgia (1976), com vários livros

14 NETHERTON, Morris (e Nancy Shiffrin). *Vidas passadas em terapia.* São Paulo, ARAI-JU, 1984, pgs. 11, 12, 13.

15 FIORE, Edith. *Você já viveu antes.* São Paulo, Record, Cop. 1978.

publicados;[16] atualmente o trabalho enriquecedor do dr. Brian L. Weiss, cujo primeiro livro ***Muitas Vidas, Muitos Mestres*** vendeu mais de um milhão e meio de exemplares em todo o mundo; o dr. Weiss se surpreendeu ao tratar de uma paciente, que, sem que ele esperasse ou tivesse qualquer intenção a respeito, regrediu a uma existência passada, desencadeando na vida do famoso psiquiatra uma nova fase de estudos e surpreendentes revelações. Haveria ainda outros autores bastante conceituados, que poderíamos nomear em quantidade, mas parece que já existe um patamar razoável por onde se iniciar uma busca satisfatória de informações.

Gostaríamos agora, para complementar, de colocar um outro lado da visão reencarnatória, através de informações vindas dos próprios espíritos, que além do que foi dito pelos estudiosos "encarnados", nos trazem também algo mais a acrescentar sobre o assunto.

Em ***O Livro dos Espíritos*** de Allan Kardec, temos algumas explicações fornecidas pelos espíritos, respondendo a questões formuladas:

> Pergunta 166: A alma que não atingiu a perfeição durante a vida corpórea, como acaba de depurar-se?
> — Submetendo-se à prova de uma nova existência"
> 166-b: "A alma tem muitas existências corpóreas?
> — Sim, todos nós temos muitas existências. Os que dizem o contrário querem manter-vos na ignorância em que eles mesmo se encontram; esse é o seu desejo.
> 166-c: Parece resultar, desse princípio, que após ter deixado o corpo a alma toma outro. Dito de outra maneira, que ela se reencarna em novo corpo. É assim que se deve entender?
> — É evidente.
> 167: Qual é a finalidade da reencarnação?

---

16 MOODY JR, Raymond ***Vida depois da vida***. Rio de Janeiro, Nórdica.
MOODY JR, Raymond .***Investigando vidas passadas***. São Paulo, Cultrix.

> — Expiação, melhoramento progressivo da humanidade. Sem isso, onde estaria a justiça?
> 168: O número das existências corpóreas é limitado, ou o Espírito se reencarna perpetuamente?
> — A cada nova existência o Espírito dá um passo na senda do progresso; quando se despojou de todas as suas impurezas, não precisa mais das provas da vida corpórea.
> 169: O número das encarnações é o mesmo para todos os Espíritos?
> — Não. Aquele que avança rapidamente poupa-se das provas. Não obstante, as encarnações sucessivas são sempre muito numerosas, porque o progresso é quase infinito.[17]

Os espíritos, através de numerosos livros mediúnicos, esclarecem também os múltiplos aspectos que envolvem o processo reencarnatório, ou seja, da volta do espírito à vida corpórea. Através desses livros, relatos impressionantes sobre a vida além-túmulo nos são trazidos, com detalhes bastante minuciosos, bem mais precisos do que se possa imaginar.

Pela mediunidade inegável de Francisco Cândido Xavier, temos centenas de obras escritas, fornecendo elucidações sobre a vida espiritual. Muitos outros médiuns confiáveis tem também trazido colaboração imensa, com muitas informações sobre a vida no além.

Não queremos com esses relatos incentivar as pessoas a buscarem o conhecimento de suas encarnações passadas, pois se o véu do esquecimento foi colocado por Deus em nossas mentes é porque essa é a posição mais saudável para o espírito. Não tenhamos a presunção ilusória de termos sido personagens importantes da História (até poderemos ter sido) pois não é isso o que importa e sim o grau de evolução espiritual que tenhamos alcançado. Hitler foi uma figura importante, mas nem por isso demonstrou qualidades

---

17 KARDEC, Allan. *O livro dos espíritos*. 38ª Ed. São Paulo, Lake, 1978, p. 123.

a serem almejadas por qualquer criatura. Poderemos ter sido criaturas más e perversas cuja lembrança em nada nos agradaria. Geralmente fomos pessoas comuns que, como tantas outras, vêm evoluindo da maneira que melhor convém ao seu espírito e às suas necessidades pessoais. Importa saber que nossa vida atual é sempre conseqüência de nossas vidas e atos no passado.

O conhecimento dessa realidade poderá ter uma influência benéfica na existência de cada um, ajudando a direcioná-la num sentido mais compatível com a realidade do ser.

A compreensão do processo evolutivo leva-nos logicamente a reflexões sobre os valores reais da existência humana. Esta reflexão em si mesma já é positiva, para aqueles que procuram ser coerentes em sua forma de pensar.

Se por acaso não estivermos vivendo de maneira conveniente para obtermos um bom resultado quanto ao desempenho de nosso espírito na vida terrena, não será melhor mudar enquanto é tempo? Afinal, se percebermos que estamos dirigindo um carro na direção de um abismo e formos alertados do perigo, faltar-nos-á bom senso se prosseguirmos nessa rota. A liberdade sempre teremos em nossos atos, mas teremos também a responsabilidade por nossas escolhas.

Idéias novas às vezes nos incomodam, perturbam, mas nem sempre deveremos ser arredios a elas. Parece que não nos sobra "tempo" para refletir. Será que vale a pena vivermos tão distraídos de coisas que são tão importantes para nosso próprio destino? Seremos algum ser privilegiado que será poupado à morte do corpo? Temos conhecimento de quando isso se dará e pensamos que há tempo de sobra? Será?

Os grandes espiritualistas de todos os tempos aconselham a meditação como um dos meios mais poderosos para acelerar nosso adiantamento espiritual. Como pequeno treino, seria extremamente benéfico acostumarmo-nos a reservar quinze minutos por dia, apenas isso, para aquietarmos nossa mente e depois então fazermos uma reflexão sobre nós mesmos, nossa essência, nosso destino. Este hábito nos trará seguras recompensas e ampliará nossa compreensão dos problemas existenciais.

Meditar é uma prática que embora pareça fácil, não é. Nosso condicionamento em geral está dirigido ao mundo material e reage a esse exercício de interiorização (experimente e verá – sentirá dificuldades para ficar simplesmente *quieto*, sem pensar, mesmo que por poucos minutos). Insistir porém, valerá a pena. Poucos talvez conseguirão, mas aquele que assim fizer, será sobejamente recompensado. Isto pode tornar-se um hábito que trará benefícios incalculáveis.

Se você deseja adiantar-se espiritualmente, este caminho não pode ser desprezado.

Capítulo 8

Considerações, evolução e carma

Ante a perspectiva de sobrevivência após a morte física, da continuidade da vida no mundo espiritual, o bom senso alerta-nos para a necessidade de estarmos devidamente preparados para evento tão significativo.

Afinal, se essa viagem, já desde o nosso nascimento está programada e cada dia mais se aproxima de sua realização, nada melhor do que estarmos familiarizados com o que nos aguarda; também é necessário fazermos nossa escolha para o tipo de "hospedaria" em que desejamos nos instalar nessa região desconhecida. Embora para alguns isso possa parecer uma piada, há mais verdade nesse comentário jocoso do que a aparente brincadeira.

Inúmeras pessoas passam anos de suas vidas lutando para conseguir a casa dos seus sonhos. Muitos exalam o último suspiro sem obter o que desejavam. Se nos esforçamos tanto para conquistar uma morada passageira, provisória, para ser por tão pouco tempo usada, por que não nos preocuparmos com o tipo de lugar que ocuparemos após a morte, possivelmente por muito mais tempo que os poucos anos vividos na Terra?

Existe possibilidade para essa programação?

Certamente existe, não com uma precisão matemática, mas com bastante probabilidade de acerto; não no sentido vulgar de ***reserva antecipada***, mas por um trabalho de conquista através dos meios adequados.

Como para as aquisições materiais é necessário luta e empreendimento, assim também é preciso esforço para as conquistas espirituais. Tudo tem um preço e não temos como fugir às leis da vida. Freqüentemente desconhecemos as implicações e conseqüências dos nossos atos, ainda que aparentemente sem importância. Não nos preocupamos com eles. Mas nem por isso deixaremos de responder por tudo o que fizermos, bem ou mal.

Façamos um rápido apanhado de alguns assuntos já focalizados, para que possamos compreender melhor a Lei de Justiça que vigora na Criação, tão conhecida como ***lei do carma***.

Nós somos participantes de um plano divino. Não existimos por acaso, como simples fruto acidental da reprodução humana. O acaso não faz parte desse plano superior.

Como diz Allan Kardec no ***Livro dos Espíritos***:

> Atribuir a formação primária das coisas às propriedades íntimas da matéria seria tomar o efeito pela causa, pois essas propriedades são em si mesmas um efeito, que deve ter uma causa / A harmonia que regula as forças do Universo revela combinações e fins determinados, e por isso mesmo um poder inteligente. Atribuir a formação primária ao acaso seria uma falta de senso, porque o acaso é cego e não pode produzir efeitos inteligentes. Um acaso inteligente já não seria acaso.[1]

O plano da evolução é conhecido de todos os grandes espiritualistas no mundo. A evolução é uma lei que rege todo o Universo. Tudo na natureza progride, passando de um estado inferior a uma condição superior, ainda que isso leve milhões de anos.

Como no mundo material tudo evolui, assim também acontece no mundo espiritual, numa escala infinita. A reencarnação é um instrumento importante dentro desse pro-

1 Opus Cit. p. 65.

cesso. Ela proporciona ao espírito os meios e condições de progresso e crescimento, através das múltiplas experiências no mundo físico.

Assim diz Max Heindel, conceituado rosacruciano norte-americano:

> A Evolução é a "história do progresso do Espírito no tempo". Por toda parte, observando os variados fenômenos do Universo, vê-se a espiral do caminho evolutivo. Cada volta da espiral é um ciclo. As espirais são contínuas, cada ciclo submerge-se no próximo, é o produto melhorado do precedente e o criador de maior desenvolvimento.[2]

Tudo na vida terrena é oportunidade de aprendizado. Para o espírito em seu primeiro estágio, ainda inexperiente, um longo caminho é requerido para que atinja e desenvolva todo o seu potencial, chegando à culminância da sabedoria e do amor como lhe está destinado. Por isso vemos na Terra pessoas com capacidades mentais, emocionais, sentimentais, tão diferentes. São os espíritos em níveis diferentes de evolução: uns mais antigos, outros mais novos. E, não adianta querer exigir, daquele que ainda está na sua infância espiritual, comportamento de adulto.

No processo de desenvolvimento é dado ao espírito o livre-arbítrio, a oportunidade de escolhas e decisões, para que tenha o mérito de suas conquistas. É natural que erre inúmeras vezes, mas, como se diz: "com o erro também se aprende".

No Universo tudo funciona dentro de uma harmonia incontestável. As diversas leis cósmicas controlam todos os acontecimentos fazendo com que as coisas caminhem para um estado de perfeição.

O homem é condicionado pela lei do carma, para o equilíbrio e reajuste de seu espírito. Cada ato, cada pensamento, cada palavra, são fontes de energia continuamente

2 HEINDEL, Max. *Conceito rosacruz do cosmos.* 2ª Ed. São Paulo, Fraternidade Rosacruz, 1977, p. 123.

gerada, que voltará ao seu ponto de emissão, trazendo retorno semelhante em natureza e intensidade, atingindo para o bem ou para o mal o seu autor.

Swami Vivekananda, brilhante representante do hinduismo e da filosofia Vedanta, explica com clareza o que é carma (ou karma):

> Qualquer trabalho, ação ou pensamento que produza um efeito, chama-se karma. Assim, lei de karma significa "lei de causa e efeito". Onde quer que exista uma causa, produz-se um efeito; esta necessidade não pode ser evitada, e é, segundo nossa filosofia, uma lei que se cumpre em todo o universo, enquanto de um modo é o resultado de uma ação passada, de outro modo se converte em causa de seu próprio efeito.[3]

Diz Helena Blavatsky, expoente da Teosofia:

> O karma é a lei infalível que ajusta o efeito à causa, nos planos físico, mental e espiritual do ser. Como nenhum permanece sem seu efeito devido, do maior ao menor, de uma perturbação cósmica ao movimento de sua mão, e como o semelhante produz o semelhante, o Karma é essa lei invisível e desconhecida que ajusta sábia, inteligente e eqüitativamente cada efeito à sua causa, fazendo com que a última volte ao primeiro. Embora desconhecível em si mesma, sua ação é perceptível.[4]

Nossa vida é o resultado dos nossos atos passados. Recebemos continuamente o efeito do que foi gerado na retaguarda, por nossa própria determinação. Estamos no presente elaborando o futuro e as condições que nos esperam. Receberemos da vida o que estamos ofertando a ela e ao nosso semelhante; da mesma forma, na mesma medida.

---

3 VIVEKANANDA, Swami. ***Karma Yoga.*** São Paulo, Pensamento, s.d. p.88.

4 BLAVATSKY, H. P. ***A sabedoria tradicional.*** São Paulo, Hemus, Cop. 1978, p. 174.

Max Heindel chama "lei de conseqüência" à lei do carma e assim se expressa:

> A Lei de Conseqüência exige um exato ajuste de contas. A morte "não apaga tudo", assim como mudar de cidade não liquida nossos débitos monetários. No caso de dois inimigos, um dia se encontrarão de novo: o antigo ódio leva-os à mesma família. Sendo propósito de Deus o amor recíproco, devendo o ódio transformar-se em amor ainda que sejam necessárias muitas vidas de lutas, chegará o momento em que os inimigos aprenderão a lição e far-se-ão amigos. O interesse de ambos põe em atividade a força de Atração, que os junta.[5]

A lei de evolução opera em concomitância com a lei de ação e reação. A verdade é que de uma forma natural e misericordiosa somos levados, no correr dos séculos, a corrigir todos os enganos cometidos no passado. A dureza na expiação é reservada àqueles que a fizeram por merecer.

Analisemos estas palavras provindas do mundo dos "espíritos", do Instrutor Sânzio, em esclarecimentos a André Luiz, através da mediunidade de Francisco Cândido Xavier:

> "O carma, expressão vulgarizada entre os hindus, que em sânscrito quer dizer ação, a rigor, designa "causa e efeito", de vez que toda ação ou movimento deriva de causa ou impulsos anteriores. Para nós expressará a conta de cada um, englobando os créditos e os débitos que, em particular, nos digam respeito. Por isso mesmo, há conta dessa natureza, não apenas catalogando e definindo individualidades, mas também povos e raças, estados e instituições.[6]

É portanto uma lei divina, que regula a vida no Universo, atuando sobre cada pessoa, também sobre as famílias, grupos

5 Opus Cit. p. 127.

6 XAVIER, Francisco Cândido / Espírito André Luiz. ***Ação e Reação.*** 10ª Ed. Rio de Janeiro, Feb, 1985, p.87.

sociais, cidades, países etc. A lei do carma é aquela através da qual se cumpre a mais perfeita justiça divina em todo o cosmo.

Vejamos o que diz Annie Besant, dentro dos conceitos teosóficos:

> A concepção fundamental, sobre a qual repousa todo o pensamento posterior correto sobre o karma, é a de que o karma é lei – lei eterna, imutável, invariável, inviolável, lei que jamais pode ser rompida e que faz parte integrante da natureza das coisas. / As leis artificiais são mutáveis: os que as fazem podem alterá-las ou revogá-las. As leis naturais são imutáveis: não podem ser alteradas nem revogadas, pois fazem parte da natureza das coisas. / O karma é a lei natural no sentido lato da expressão. É a Causação Universal, a lei de causa e efeito. Pode-se dizer que ela forma a base de todas as leis especiais, de todas as causas e efeitos.[7]

Voltemos a Léon Denis:

> Tanto no moral como no físico, tudo se encadeia e liga no Universo. Na ordem dos fatos, desde o mais simples ao mais complexo, tudo é regulado por uma lei; cada efeito se prende a uma causa e cada causa engendra um efeito que lhe é idêntico. Daí, no domínio moral, o princípio de justiça, a sanção do bem e do mal, a lei distributiva, que dá a cada um segundo as suas obras. / A lei de justiça não é mais que o funcionamento da ordem moral universal, as penas e os castigos representam a reação da Natureza ultrajada e violentada em seus princípios eternos. As forças do Universo são solidárias, repercutem e vibram unissonamente. Toda potência moral reage sobre aquele que a infringir e proporcionalmente ao seu modo de ação. Deus não fere a pessoa alguma; apenas deixa ao tempo o cuidado de fazer dimanar os efeitos de suas causas.[8]

---

7 BESANT, Annie. *Um estudo sobre o karma*. São Paulo, Pensamento, [1989], pgs. 11, 17, 19.
8 DENIS, Léon. *Depois da Morte. Opus cit. pgs. 238, 239.*

Esta lei conhecida desde tempos remotos, parte integrante das crenças e religiões orientais, também fazia parte dos ensinamentos herméticos dados no antigo Egito: "Toda causa tem seu efeito; todo efeito tem sua causa; todas as coisas acontecem de acordo com a Lei; o acaso é simplesmente um nome dado a uma Lei não reconhecida; existem muitos planos de causalidade, mas nada escapa à Lei."[9]

O estudo do carma é tema profundo, que conta como outros, com extensa bibliografia espiritualista específica. Muito já foi escrito sobre o assunto. Por isso, também neste caso não vamos nos estender muito mais em sua análise.

Teremos da vida aquilo que fizermos por merecer; aqui ou no além. As leis divinas não oferecem privilégios para poderosos, para ricos e famosos, para nomes de família, para raças específicas, para posição social, cargos ou conhecimento intelectual. São outros os valores de aferição para o reajustamento do espírito.

Podemos perceber que vale mais o "ser bom", "amar o próximo", do que todas as vantagens materiais que consigamos obter.

Jesus, na conhecida parábola em que faz a narrativa de um rei que separa os seus súditos à direita e a esquerda, como o pastor separa os cabritos das ovelhas (Mat. 25:31-46), simbolizando um critério de julgamento das almas, não estabeleceu qualquer referência a posições, riquezas, cargos, seitas, religiões, raças etc., que fossem beneficiados em detrimento de outros. Ao contrário, mostrou que o que vale para a seleção à direita, é a prática do bem e o amor ao semelhante: "Tive fome e destes-me de comer, tive sede e destes-me de beber..." etc. Mostrou também que são condenados não somente os que se dedicam ao mal, mas também aqueles que ***se omitem*** em fazer o bem: "Porque tive fome e **não me destes** de comer, tive sede e **não me destes** de beber..." etc. (grifo nosso)

Vemos a mesma tese simbolizada na parábola do

9 TRÊS INICIADOS. *O Caibalion*. São Paulo, Pensamento, S.D. p. 98.

bom samaritano (Luc. 10:25-39), quando passam pelo caminho onde um homem atacado pelos ladrões jazia quase morto, um sacerdote, um levita e um samaritano. O sacerdote, e o levita, presumivelmente deveriam estar a par das suas obrigações de caridade (os levitas faziam parte da tribo sacerdotal), mas passam de lado e nada fazem. O aprovado foi o samaritano, que era desprezado dos judeus, mas que se compadeceu e cuidou do seu semelhante. Os títulos do sacerdote e do levita de nada valeram, mas sim a bondade do samaritano.

Vivemos no mundo interagindo com tudo o que nos cerca. Participamos positivamente sendo contribuintes para o bem geral, como podemos participar negativamente sendo parasitas da sociedade, ou malfeitores assumidos. Mas cada um receberá a retribuição exata de acordo com sua conduta.

O esclarecimento espiritual traz para o homem uma oportunidade de se ajustar melhor dentro das leis universais, não mais "lutando contra a corrente", mas nadando a favor da maré na direção de um porto seguro. Uma tabela de valores mais autêntica faz com que ele, se for um ser lógico e coerente, automaticamente procure assumir um posicionamento perante a vida, condizente com o seu grau mais avançado de maturidade. Os interesses mudam, os costumes se alteram com o passar do tempo e a nossa compreensão da vida também.

Toda uma verdadeira revolução se opera no interior daquele que desperta para um conhecimento maior de si mesmo. Não é fácil desfazer-se de hábitos e condicionamentos antigos. A força dos costumes aparentemente ultrapassados continua operante, pressionando, induzindo a criatura a trilhar os mesmos caminhos já percorridos, que embora descartados conscientemente, continuam exercendo o seu fascínio e atração. Pesam os atrativos do mundo, os convites do menor esforço. É a estrada larga de que Jesus falou, por onde a maioria caminha. É a via mais fácil. Para mudar a rotina é preciso determinação e força de vontade. Nem por isso deveríamos viver uma vida de ascetismo, desligando-nos de tudo e de todos; ao contrário, a reformulação é ***interior***, o que implica naturalmente também em algumas mudanças no lado exterior, mas nada muito drástico, a menos que nossa vida esteja muito fora dos princípios do bem e dos padrões de moralidade.

Sempre dispomos de liberdade na hora das escolhas e decisões, mas não nos esqueçamos de que ficamos vinculados aos efeitos das opções assumidas. O caminho espiritual demanda coragem. Somente uma profunda convicção, uma motivação intensa, pode levar a criatura a superar os obstáculos que fazem parte dessa empreitada.

A consciência de que temos um objetivo a alcançar, a vontade de atingi-lo o mais rapidamente possível, como o homem da parábola que vendeu tudo para ir atrás do tesouro escondido, pode ajudar bastante na obtenção de resultados positivos em espaço mais curto de tempo.

Quando podemos perceber o futuro glorioso que nos espera com o aperfeiçoamento espiritual, entendemos que é compensador todo o esforço que possa ser empreendido. Chegará um momento em que esse caminhar se tornará natural e não mais será tão sentido o peso das dificuldades.

Capítulo 9

Determinismo e livre-arbítrio

Ante o que foi exposto, segue-se possivelmente a dúvida quanto ao grau de liberdade de que realmente dispomos na vida, uma vez que estamos condicionados pela lei do carma e vinculados às conseqüências de nossos atos anteriores. Isso implicaria na existência de um destino que nos aguarda implacavelmente?

Entendamos o que se entende por "determinismo". Vamos tomar emprestadas as palavras de Carlos Toledo Rizzini:

> Determinismo é a doutrina que afirma serem todos os acontecimentos – inclusive vontades e escolhas humanas – causados por acontecimentos anteriores. Segue-se que o ser humano seria destituído de liberdade de decidir e de influir nos fenômenos em que toma parte. O indivíduo faz exatamente aquilo que tinha de fazer e não poderia fazer outra coisa; a determinação de seus atos pertence à força de certas causas externas e internas".[1]

Justifica-se então a crença que muitos têm no destino? Existe um determinismo quanto às situações com as quais nos defrontamos ou nos defrontaremos?

---

1 RIZZINI, Carlos Toledo. ***Evolução para o terceiro milênio.*** 6ª. Ed. São Paulo, Edicel, 1986, p.130.

Esta é mais uma questão que deve ser analisada com cuidado.

Recordemos o que diz Edgard Armond, extraordinário batalhador do espiritismo, com extensa contribuição para melhor entendimento dessa doutrina:

> Tudo o quanto se refere ao livre-arbítrio é delicado e merece a maior ponderação.
> Em todos os atos praticados pelos homens há sempre uma parte livre, gerada no momento, que é a que vem da faculdade volitiva individual; e outra, compulsória, condicionada, que é a que decorre, como fatalidade, da lei de causas e efeitos.[2]

Sob alguns aspectos temos sempre ampla liberdade; sob outros não. Fica melhor explicado se dissermos que temos uma liberdade relativa.

Por exemplo: nascemos em determinada raça, país, em certo local, em alguma família, de pais definidos e nada podemos fazer para mudar isso. Podemos também ter nascido em perfeitas condições de saúde ou possuir alguma deficiência congênita. Nestas, como em outras situações, não temos condição de interferir. Já encontramos o cenário pronto ao chegar a este mundo. Mas mesmo dentro desta posição pré-estabelecida, temos liberdade de pensar e agir segundo nossa determinação, direcionando por vontade própria a forma de participação nas circunstâncias da vida.

A lei do carma pode, por exemplo, colocar-nos numa posição de resgate por débitos de vidas passadas, oferecendo-nos a ocasião de ressarcir algumas dívidas com pessoas a quem tenhamos lesado em existências anteriores. Podemos renascer junto dessas pessoas, na mesma família, como podemos encontrá-las em circunstâncias diversas no decorrer da existência. Pode-se apresentar a nós a ocasião de ajudá-las. Sempre teremos a liberdade de ação. Poderemos fazê-lo e liberarmo-nos da dívida, ou podemos "pendurar a

2 ARMOND, Edgard. *Enquanto é tempo.* 1ª Ed. São Paulo, Aliança, 1982, p.57.

conta", o que não elimina o débito e ainda pode acrescentar "juros e correção monetária" ao saldo devedor.

A semeadura e a colheita estão sempre presentes em nossos caminhos, continuamente. A semeadura anterior leva a uma colheita já determinada, mas a semeadura atual sempre pode ser escolhida no momento presente, determinando a colheita futura, como diz a sentença conhecida: "Somos escravos do ontem e donos do amanhã". Possivelmente seremos assaltados no presente, se já assaltamos no passado; mas seremos beneficiados no futuro, se hoje, em vez de assaltarmos, ajudarmos o próximo. Daí a importância de usarmos com sabedoria as possibilidades de escolha que a vida nos oferece.

O livre-arbítrio, que em suma é a liberdade da criatura, aumenta à medida que avançamos na escala evolutiva. A uma criança não se dá plena liberdade de ação porque ela não saberia usá-la com discernimento. Assim também é com o homem na sua escalada espiritual. Voltando ao autor citado C. T. Rizzini, poderemos melhor compreender:

> O livre-arbítrio é progressivo e relativo, evoluindo do determinismo físico à medida que a consciência (razão) se desenvolve. Crescendo a razão, aumenta a liberdade de decidir; os padrões fixos de comportamento cedem lugar à opção inteligente. Em suma, o livre-arbítrio é uma conquista evolutiva. E, com ele, desponta um novo fator moral – responsabilidade ou necessidade de enfrentar as conseqüências dos atos praticados, que a Lei impõe a todos.

Continua mais adiante:

> ... a liberdade de escolha existe na fase inicial dos nossos atos, isto é, na fase de causa; feita a escolha e posta em ação, entramos no domínio dos efeitos e, aí, vigora o determinismo.[3]

3 Opus cit. pgs. 133, 134.

Podemos perceber a extraordinária sabedoria contida nos ensinamentos evangélicos, aconselhando-nos como lei básica de conduta, o amor ao próximo. Mesmo na sua infância espiritual o homem pode seguir essa diretriz. Não é um simples conselho de bondade, mas uma norma espiritual importantíssima, onde o primeiro beneficiado é aquele que a pratica. Quando amarmos e beneficiarmos o semelhante estaremos construindo um futuro feliz para nós mesmos, livrando-nos de elaborar um carma difícil de ser resgatado mais tarde; estaremos induzindo um retorno positivo de energias em nossa direção, que nos trarão mais adiante muitas compensações e alegrias.

Convém lembrar que existem seitas religiosas que crêem numa *predestinação*, o que não deixa de ser uma forma de determinismo. Alguns maometanos por exemplo, crêem que Deus já predestinou a vida dos homens e não há nada que se possa fazer para mudar isso; alguns protestantes calvinistas e outros mais, entendem que Deus teria privilegiado algumas pessoas para receber benefícios em detrimento de outras. Uns seriam "escolhidos" enquanto outros não.

Essas idéias fogem a todo o bom senso, pois partem do princípio de que Deus é parcial e injusto, o que contraria qualquer idéia séria que se possa fazer da Divindade. Os calvinistas se baseiam em algumas palavras do apóstolo Paulo, na Epístola aos Romanos, que foram interpretadas fora do contexto geral das escrituras paulinas, que, se analisadas com isenção, deixam bem claro o pensamento do apóstolo. Como Paulo mesmo disse, "a letra mata e o espírito vivifica". Não podemos usar um pequeno trecho isolado das epístolas para formular uma interpretação, mas precisamos entender o pensamento do apóstolo em seu todo, compreendendo-o dentro do conjunto de seus escritos. Paulo por mais de uma vez afirmou que "Deus não faz acepção de pessoas", e que "a cada um será dado segundo as suas obras". Portanto não admite parcialidade.

É o livre-arbítrio que dá dignidade ao ser humano, tornando-o merecedor de suas conquistas espirituais, dando-lhe o direito de usufruir as alegrias da vitória.

É preciso considerar ainda um fator importante na questão relativa ao carma e o determinismo que se estabelece em função dessa lei. O rigor da lei de causa e efeito, levaria ao conceito do "olho por olho e dente por dente", vigente na crença do Antigo Testamento. Na verdade é isto o que aconteceria realmente, se nenhum fator interferisse no resultado de nossas ações. Mas existem possibilidades de modificação para as conseqüências dos nossos atos. Afinal, Deus é conhecido também por ser misericordioso. Jesus nos apresentou Deus na figura de "Pai". Não mais o ente raivoso e irado entrevisto ao tempo dos profetas e patriarcas hebreus. A figura do "Pai Amoroso", naturalmente é mais condizente com o conceito de "Deus Amor", a única possibilidade racional.

Mas como conciliar a justiça perfeita com a misericórdia?

Essa é uma indagação aparentemente difícil de ser respondida, mas que tem uma solução lógica, mais simples do que possa parecer.

Deus nos permite agir em sentido oposto às forças negativas anteriormente produzidas, abrandando os efeitos que poderiam ser drásticos se nada fosse feito. Como? Agindo em favor do bem, geramos energias de natureza oposta àquelas que antes foram geradas com um comportamento vinculado ao mal, o que atenua o seu efeito devastador. Desde que essa possibilidade é igual para todos, permanece o critério de justiça.

Voltando ainda uma vez ao autor C.T. Rizzini, encontramos o esclarecimento:

> Ao pensar e agir, portanto, o homem liberta forças e fica sujeito ao retorno delas, nesta ou noutra vida; provará o fel ou o mel que fez outro beber... Todavia, a aplicação da lei no nível espiritual é relativa porque a mesma vontade pode, noutra ocasião, agir em senti-

> do contrário e atenuar o choque mediante a libertação de novas forças, agora positivas. Não temos o poder de extinguir os efeitos da volta sobre nós, mas podemos modificá-los se mudarmos de rumo, se atuarmos noutra direção com esse intuito.
> Sem o conhecimento da reencarnação, teríamos uma noção completamente nula das relações de causa e efeito. É ela que permite encadear as ações de uma vida para a outra, fazendo que sofra o indivíduo o que fez outro sofrer antes. Tal é a base da justiça divina, do equilíbrio espiritual. Logo, ação e reação, além de importante lei física, é relevante lei moral – rege as relações inter-humanas e ensina ao espírito como atuar e progredir.[4]

Um outro pensamento que pode nos ocorrer é a idéia de que não devemos interferir no sofrimento de outrem para não impedir o cumprimento de seu carma. Isso é um pensamento enganoso e todos os ensinamentos das várias religiões ensinam a prática do bem incondicional. Nós não "interferimos" no cumprimento da lei. Ela sempre se cumpre com ou sem a nossa ajuda ou interferência. Nosso papel é o de ajudar. O amor, é em todos os casos, a atitude certa. É a lei fundamental da existência. O importante é agir sempre com amor. Deus pode ter-nos escolhido como o instrumento para por fim a um sofrimento que já cumpriu sua finalidade. Não nos cabe querer interpretar, mas sim levar o auxílio sempre que possível. Como disse o apóstolo Paulo:

> Se há algum outro mandamento, tudo nesta palavra se resume: Amarás ao teu próximo como a ti mesmo. O amor não faz mal ao próximo. De sorte que o cumprimento da lei é o Amor.[5]

Compreendendo os mecanismos que regem a vida, vamos mais uma vez notando que o evangelho se impõe como

4 Opus cit. pgs. 135, 136.
5 Novo Testamento – Romanos 13: 9, 10.

extraordinário código moral, estabelecendo as diretrizes certas pelas quais qualquer ser pode se basear para orientar sua conduta sem receio de errar. Estará assim direcionando seu espírito para o destino glorioso de evolução espiritual que lhe está reservado.

A lei não pesa mais implacavelmente sobre nossas cabeças, pois sempre nos resta a possibilidade de atenuar os efeitos negativos, com uma vivência baseada em elevados padrões morais e na prática do bem. Deus nos estende seus braços amorosos de Pai e escutamos mais uma vez as suaves e doces palavras de Jesus:

> Vinde a mim, todos os que andais em sofrimento e vos achais carregados, e Eu vos aliviarei. Tomai sobre vós o meu jugo, e aprendei de mim, que sou manso e humilde de coração, e achareis descanso para as vossas almas. Porque o meu jugo é suave e o meu fardo é leve.[6]

Meditemos sobre essas palavras e as compreenderemos melhor...

Uma conseqüência importante de um esclarecimento espiritual maior é a compreensão de como nossa vida atual pode ser decisiva na determinação de nosso futuro. Da mesma forma que hoje nos queixamos de problemas sem fim, isso poderá deixar de acontecer em futuras existências como resultado de nossa conduta atual. Mesmo nesta vida já se farão notar os efeitos de uma mudança de rumo para melhor.

É necessário compreender que não estamos oferecendo apenas "conselhos", que possam ser interpretados de forma superficial, mas estamos tratando de leis reais, que atuam e se manifestam no Universo, porque são leis da própria natureza.

Não adianta então cuidarmos apenas de nosso bem estar *hoje*, como se o futuro não nos dissesse respeito. O fu-

6 Novo Testamento – Mateus 11: 28-30.

turo existe sim, estaremos presentes nesse futuro e na hora dos sofrimentos não ficaremos nem um pouco satisfeitos se nada tivermos feito para evitá-los.

Quer queiramos, quer não, tudo o que fazemos gera contínua energia no campo da vida, que obedecerá à lei de retorno sobre nós mesmos. Poderemos direcionar essas forças segundo a nossa vontade, para um retorno de felicidade e alegria. Esta é a grande função do livre-arbítrio: determinar as escolhas, determinar o futuro, determinar a vida.

Essas escolhas têm uma *raiz*, o *pensamento*. Do pensamento é que surgem as palavras e os atos. Embora possa parecer que o pensamento é incontrolável, ele é perfeitamente direcionável, desde que o queiramos. O pensamento é extraordinária energia, capaz de uma atuação muito superior àquela que a pessoa pode supor geralmente. Portanto a higienização dos pensamentos é o caminho mais adequado para um verdadeiro avanço espiritual. O homem que já não pensa o mal, não será praticante do mal. O que pensa mas não executa, está ainda assim contribuindo negativamente no mundo, pois essa força do pensamento de qualquer forma é projetada e terá a sua atuação no campo das energias, trazendo um retorno equivalente. O que pensa e também executa, acrescentará à força do pensamento, a da própria ação, multiplicando esse potencial. Por exemplo: um homem que tem pensamentos de vingança, ou de inveja, ciúmes etc., emite uma vibração negativa que vai de alguma forma atingir e prejudicar a pessoa visada, se esta estiver desprotegida. Ao mesmo tempo, estará abrindo o caminho para em algum momento mais à frente receber de volta o retorno dessa vibração, atraindo pensamentos semelhantes direcionados a ele mesmo no futuro; aquele que é maledicente, crítico demais etc., também atrairá para sua vida as mesmas circunstâncias a que está sujeitando outros nos dias atuais. Acrescentando-se aos pensamentos os atos, o retorno será proporcionalmente maior.

Tudo o que funciona energeticamente em relação ao mal, vale da mesma forma para aquilo que se faz visando o bem. Ser bom, viver dentro das normas evangélicas, não é pieguice; é um regime de bom senso, de sabedoria espiritual e mesmo de amor próprio, pois estaremos zelando primeiramente por nós mesmos, por nossa felicidade. Cada benefício feito ao próximo, é benefício futuro para o nossa própria vida.

Relembremos Jesus e a regra áurea: "Tudo aquilo, portanto, que quereis que os homens vos façam, fazei-o vós a eles, pois esta é a lei e os profetas".[7]

7 Novo Testamento – Mateus 7: 12.

Capítulo 10

Quem somos – corpo espiritual

Hoje podemos nos chamar João, José, Maria ou Teresa, como ter outro nome qualquer. Identificamo-nos com essa personagem assim denominada, que usamos por um curto período sobre a Terra. Vivemos os anseios deste pequeno ser terreno, como se ele representasse nossa verdadeira identidade. Melhor dizendo, essa pessoa é apenas representante de uma entidade superior.

De certo modo podemos comparar-nos, nesta vida, a um ator que vive determinado papel em um palco. Apenas ele não segue um *script* imutável. Ele tem liberdade criativa. Mas terminado o espetáculo ele volta à sua vida real, continuando seus afazeres pessoais, esquecido já da cena interpretada.

Em termos espirituais algo parecido acontece conosco. Vamos entender melhor.

A Terra é o palco e nosso espírito assume um papel a ser vivido por um tempo relativo, após o que retorna à sua vida verdadeira e prossegue seu caminho em outra dimensão. Volta depois para interpretar novo papel e assim prossegue, sempre retornando após cada função à sua vida real.

Precisamos considerar dois aspectos em nosso ser: o da ***individualidade***, permanente, nosso ser espiritual imperecível, e o da ***personalidade***, aspecto passageiro, provisório, vivido durante uma encarnação e que é deixado para trás quando abandonamos esta vida.

Francisco Valdomiro Lorenz explica bem esta condição:

> O ocultismo e o esoterismo fazem grande distinção entre a Personalidade e a Individualidade. Pela primeira destas palavras designa-se a forma passageira e transitória que o Ego (ou o "Eu") veste em cada reencarnação nova, e que desaparece para sempre com a morte carnal. A individualidade não desaparece com a morte do corpo, mas é imortal.
>
> O termo "Individualidade" provém do vocábulo "indivíduo", que significa "ente complexo que não admite divisão"; é o Ego humano superior, a natureza imortal do ser humano, o conjunto dos princípios humanos superiores, que sobrevivem ao corpo físico e se reencarnam repetidas vezes, revestindo-se de uma nova personalidade transitória em cada reencarnação, e acumulando em cada uma destas um capital maior ou menor de experiências.
>
> O vocábulo personalidade provém da palavra latina "persona", que se traduz geralmente "pessoa", porém originalmente designava "máscara de ator", sendo seu verbo correspondente "personare", isto é, "soar forte, como a voz do ator com a máscara". É, pois, cada personalidade humana uma espécie de máscara que encobre a Individualidade."[1]

Vejamos também algumas palavras de Léon Denis:

> O nosso "eu" ordinário, superficial, limitado pelo organismo, não parece ser mais do que um fragmento do nosso "eu" profundo. Neste está registrado um mundo inteiro de fatos, de conhecimentos, de recordações referentes ao longo passado da alma." / "Mesmo no estado ordinário, no estado de vigilância, podem emergências, impulsos do "eu" profundo, remontar até às camadas exteriores da personalidade, trazendo intuições, percepções, lampejos

1 LORENZ, F.V. Opus cit. p. 38.

> bruscos sobre o passado e o futuro do ser, os quais denotam faculdades muito extensas, que não pertencem ao "eu" normal.[2]

É mais complexo do que possa parecer, o entendimento profundo dos níveis de consciência do ser encarnado e do desencarnado. Muitos fatores entram em jogo e após a morte física a situação não é igual para todos os espíritos. Vai depender do grau de evolução de cada um. De qualquer forma, não é necessário avançarmos neste ponto no momento. O mais importante a respeito das considerações acima, é estarmos conscientes de que não somos exatamente esta personalidade limitada que estamos vivendo. Somos um ser maior, com faculdades mais amplas de expressão do que aquelas de que dispomos na Terra. Importa não nos escravizarmos aos interesses do "eu" provisório que agora encarnamos, mas levarmos em conta os interesses do "eu" eterno que permanecerá para sempre.

A vida é uma escada sem fim, por onde importa subir sempre e não estacionar. A cada degrau alcançado o panorama a desfrutar se torna mais belo e fascinante. A compreensão da realidade também se amplia.

Quando iniciamos este capítulo, a idéia foi a de aprofundar um pouco nosso autoconhecimento. É impossível precisar até onde cada um pode chegar nessa empreitada, mas todo esforço é importante e compensador.

A autora que já citamos, Ângela M. La Sala Batà, iniciando seu livro ***Guia para o conhecimento de si mesmo*** diz na "introdução":

> Conscientemente ou não, o homem está sempre em busca de si mesmo. No íntimo de sua consciência, sabe que a finalidade da vida é descobrir o "eu" verdadeiro, uma vez que somente depois desta descoberta, ele despertará para a realidade e poderá "viver", no autêntico e completo sentido da palavra, exprimindo a si

2 DENIS, L. *O problema do ser*.. Opus cit. pgs. 72, 75.

mesmo e utilizando toda a capacidade, energia e qualidades que possui.[3]

Hoje nem se pode discutir a necessidade de conhecermos nosso corpo físico, seus componentes, seu funcionamento, para que possamos dele cuidar visando o seu melhor desempenho. Chegou a hora, porém, do homem entender melhor também sua contraparte espiritual, que é a que realmente mais lhe importa. Por ser invisível aos olhos humanos é muito esquecida e negligenciada. Podemos tentar conhecer um pouco mais esse ser que somos, além das aparências da matéria.

Partindo do pressuposto de sermos um ser espiritual que está evoluindo através das reencarnações, podemos tentar compreender também os fatores determinantes das encarnações, algo mais sobre a vida no além-túmulo, a atividade dos espíritos desencarnados etc.

Realmente esse assunto pode ser pesquisado através das filosofias e religiões. Muito já se descobriu a respeito de nossa natureza espiritual. Embora aparentemente divergentes, as doutrinas orientalistas ou espíritas, teosóficas ou cristãs, e outras mais, não entram em contradição. Ajustam-se admiravelmente. Alguns tratam de detalhes mais complexos sobre nossa natureza espiritual enquanto outros simplificam suas explicações. Com nomes diferentes tratam das mesmas coisas. Aliás, não podemos nos esquecer, digam os homens o que quiserem, entrem ou não em divergências, que a verdade mesmo é única e igual para todos os seres, qualquer que seja o nome que lhe dêem.

Diz a ***Bíblia*** que Deus criou o homem à sua imagem e semelhança[4]. Deus é espírito e nossa semelhança com o Criador está justamente em sermos também espíritos. O espírito, porém, é como uma chama, um clarão, não tem forma. Para que possa ser reconhecido precisa ter uma apa-

3 BATÀ, A.M.L.S. *Guia para o conhecimento de si mesmo*. São Paulo, Pensamento, s.d. p. 1.

4 Gênesis 1: 26, 27.

rência. Essa forma reveste o espírito nos planos mais sutis, além da matéria, e acaba por tornar-se mais consistente no mundo físico com o corpo denso.

Nos planos etéricos, esse invólucro fluídico que torna reconhecível o espírito, é diferentemente definido conforme as religiões e filosofias. Os nomes são diversos mas a realidade é uma só. Varia a maneira de interpretar a "composição" desse corpo espiritual.

Façamos uma comparação: podemos chamar a atmosfera que nos rodeia simplesmente de "ar", como podemos nomear-lhe os componentes químicos. Podemos identificar o líquido potável que bebemos como "água", ou dizer H^2O. Mas trata-se da mesma coisa. Algumas doutrinas enumeram várias subdivisões para nossa parte invisível, dando-lhes o nome de "corpos" (corpo astral, corpo mental, corpo causal etc), enquanto os espíritas resumem em um único nome essa referência: "perispírito", ou seja, o envoltório (ou o conjunto de envoltórios) do espírito. Vários outros nomes podem ser encontrados na literatura espiritualista, mas a realidade é sempre a mesma.

Para que o corpo espiritual possa comandar um corpo físico, um outro elemento é necessário, e que serve, poderíamos dizer, de "ajustador vibratório", de intermediário entre os dois níveis: espiritual e físico. É o que muitos já devem conhecer como "duplo etérico" ou "duplo etéreo", como também é chamado, ou simplesmente "duplo". É neste elemento, que tem a aparência do corpo físico, que se encontram os "chacras", centros de força, espécie de vórtices giratórios, luminosos, coloridos, esotericamente muito conhecidos e que tem uma função bastante importante no intercâmbio das energias do corpo espiritual com o corpo material e vice-versa. O estudo dos chacras e suas funções é um capítulo de especial interesse dentro dos temas espiritualistas, do qual vêem se ocupando inúmeros autores de diversas religiões ou mesmo pesquisadores independentes.

Para uma sintética orientação ao leitor sobre o assunto, poderíamos voltar a citar, numa área mais científica, a dra. Barbara A. Brennan e seu livro já mencionado ***Mãos de Luz***; no campo da clarividência, a obra notável de Charles W. Leadbeater: ***Os Chacras***; dentro da área espírita, o livro de Edgard Armond: ***Passes e Radiações***. Como esclarecimentos trazidos diretamente pelos espíritos, temos pela mediunidade de Francisco Cândido Xavier: ***Evolução em Dois Mundos*** (pelo espírito André Luiz) — cap. II da 1a. parte; a excelente obra ditada pelo espírito Ramatis: ***Elucidações do Além*** (psicografia de Hercílio Maes), com capítulo especial bastante elucidativo sobre os chacras e ainda ***Estudos Espíritas*** (capítulo 4), ditado pelo espírito Joanna de Ângelis através do médium Divaldo Pereira Franco.[5] Muitas outras obras existem, específicas sobre o assunto, mas estas que foram citadas já oferecem um amplo panorama para se iniciar um estudo bem fundamentado e confiável.

Este é apenas um esclarecimento ligeiro, pois a natureza deste livro é de simples ***introdução*** ao espiritualismo, abordando pontos básicos e não uma discussão profunda dos temas levantados; visa despertar no leitor o desejo de conhecer mais. Terá então à sua frente um campo bastante amplo onde realizar suas investigações.

É um bom começo para o autoconhecimento entendermos que somos um ser espiritual criado por Deus, que iniciou sua jornada no campo da vida em total inexperiência e ignorância, e foi lançado ao mundo da matéria, da qual se serve para evoluir e desenvolver suas potencialidades. Esse desenvolvimento se processa através de múltiplas encarnações, ricas em variadas experiências, acontecendo em épocas, lugares e raças diferentes, através das quais o espírito desenvolve seu potencial de inteligên-

5 LEADBEATER, C. W. ***Os chacras.*** São Paulo, Pensamento, s.d.
XAVIER, F.C. (André Luiz). ***Evolução em dois mundos.*** Rio de Janeiro, Feb, Cop. 1958.
MAES, Hercílio (Ramatis), ***Elucidações do Além.*** Limeira, **EDITORA DO CONHECIMENTO.**
FRANCO, Divaldo (Joanna de Ângelis). ***Estudos Espíritas.*** Rio de Janeiro, Feb, 1958.

cia, moral, aprimoram-se as qualidades e os sentimentos, somam-se os conhecimentos, atingindo o ser níveis evolutivos cada vez mais altos.

Embora as personalidades assumidas sucessivamente se diluam na roda do tempo, o aprendizado fica gravado na essência espiritual, que vai progredindo cada vez mais rumo ao seu destino glorioso. Essa escalada é sempre ascendente, podendo porém se manter estacionária por algum tempo, se o indivíduo se negar a avançar no caminho que lhe é próprio, retardando seu desenvolvimento. Pode ser também razoavelmente acelerada quando, ao contrário, esforça-se no sentido do progresso, procurando agir em consonância com as normas e leis divinas que governam a vida. A lei de ação e reação garante a justiça dentro desse processo, corrigindo os erros e premiando os acertos, conservando a vida em equilíbrio.

Capítulo 11

Intercâmbio espiritual - centros espíritas

Vamos pesquisar algo mais sobre a forma de vida no mundo espiritual, uma vez que essa realidade nos aguarda, mais cedo ou mais tarde.

Existem relatos feitos por clarividentes famosos sobre a existência no além-túmulo, como é o caso de C. W. Leadbeater e também de outros pesquisadores e estudiosos, que muito contribuíram para inúmeros esclarecimentos. Existem também relatos diretos, transmitidos por quem está em plena vivência da situação no outro lado da vida.

Para que não nos percamos em divagações desnecessárias dentro de todas as variantes que possamos encontrar nas doutrinas religiosas, parece lógico verificarmos o que dizem os espíritos, aqueles que estão livres da matéria e podem nos trazer informações mais fiéis de sua existência como desencarnados, com detalhes mais precisos sobre a vida no além túmulo.

Antes, porém, é necessário averiguar como estas informações podem chegar até nós.

Consideremos alguns dizeres de F. Valdomiro Lorenz:

> Quem estudou a literatura espiritista, ocultista, esoterista ou teosófica, ou quem teve alguma ocasião de assistir a sessões com bons médiuns, ou finalmente, quem teve respectivas experiências próprias, não pode duvidar que é possível

> a comunicação entre os encarnados e os desencarnados, e, com outras palavras, "entre os vivos e os mortos". Vários são os meios de tal comunicação: telepatia, clarividência, clariaudiência, clarissenciência, intuição, inspiração e outros; o meio mais conhecido entre os espíritas é o mediunismo.[1]

Há interpretações diferentes sobre esses enunciados, mas o que importa no momento é considerá-los como formas de comunicação com os espíritos.

Façamos algumas ponderações sobre o *intercâmbio* espiritual. É óbvio que para aceitarmos uma comunicação como legítima precisamos confiar nela, na sua autenticidade. O que pode levar-nos a essa confiança? Precisamos estar abertos à investigação sobre essa possibilidade de intercâmbio com os espíritos, confiar na seriedade e honestidade dos meios de comunicação (médiuns), nas pesquisas sobre o assunto e também em seus autores, nas experiências várias que atestam os fatos. Um estudo metódico sobre a questão elimina facilmente a descrença.

É natural que este seja um terreno difícil de ser pesquisado, porque podemos nos defrontar com fraudes e mistificações. O fato de haver um charlatão entre médicos ou outros profissionais, não invalida a seriedade e competência daqueles que exercem com legitimidade e honestidade qualquer profissão.

O processo de intercâmbio com o plano espiritual realiza-se através do que chamamos *mediunidade*. Ser "médium" como o próprio termo indica, significa a condição de estar *no meio*, como "ponte" ou canal de comunicação entre dois planos de existência; no caso, o médium é aquele que está em um ponto intermediário de percepção, que abrange tanto o mundo físico, como também penetra determinadas faixas vibratórias do plano espiritual, possibilitando-lhe a capacidade de trazer ao mundo material as informações

1 LORENZ, F.V. Opus cit. p. 70.

colhidas em outra dimensão, ou mesmo de servir de instrumento temporário para a manifestação de um espírito. Há pessoas que tem essa possibilidade de várias maneiras.

Isso pode parecer muito estranho àqueles que não estão acostumados com as vivências espíritas, mas desde que o homem se conhece como tal, comunica-se com os mortos através dos médiuns. Apenas, durante longo tempo isso foi feito sem nenhum controle, sem diretrizes adequadas, o que gerava condições nem sempre favoráveis, dando margens a comunicações pouco confiáveis e até à proibição de tal prática.

Existem normas que devem ser observadas nessas comunicações, que não podem ser feitas de qualquer forma e em qualquer lugar. Allan Kardec foi pioneiro nos esclarecimentos maiores sobre esse tema, trazendo as bases de segurança através das quais podemos nos comunicar com os mortos com maior tranqüilidade. Em *O Livro dos Médiuns* estão compiladas essas normas. Depois disso mais conhecimentos se acrescentaram ao assunto. A experiência dos anos veio complementar os ensinamentos fundamentais de Kardec. Hoje já temos para nosso auxílio excelentes obras de ótimos autores que estudaram a questão mediúnica, tanto encarnados que realizaram importantes pesquisas, como contamos também com esclarecimentos preciosos trazidos pelos próprios espíritos, através da mediunidade em questão.

Existem leis de afinidade e sintonia que regem o intercâmbio com os chamados "mortos". Essas leis devem ser observadas.

Atualmente um novo campo está se abrindo para intercâmbio com o outro lado da vida, através da ***transcomunicação***, ou seja: a comunicação dos espíritos sem uso do médium encarnado, mas por meio de aparelhos eletrônicos. Esta é no entanto uma possibilidade muito recente, ainda não suficientemente desenvolvida. Existem livros e pesquisas disponíveis.

Não podemos ser ingênuos a ponto de tentar uma comunicação com os espíritos sem um conhecimento prévio das normas de segurança que devem ser respeitadas e nem podemos aceitar de boa fé tudo aquilo que provém do outro lado da vida, apenas por "vir do lado de lá". Uma pessoa não deve ir a um centro espírita qualquer, sem estar devidamente informada sobre o seu teor e seriedade, obedecendo cegamente alguma diretriz que lhe seja dirigida, unicamente porque vinda "dos espíritos". Espíritos existem de todos os níveis, bons e maus, anjos e bandidos. Nós também somos espíritos, apenas provisoriamente ocupando um corpo material. Não há vantagem em conversar com um espírito "só porque é espírito". Como dissemos: nós também somos espíritos; conversemos pois uns com os outros. Que proveito teríamos na conversa com um ser dissimulado ou farsante? Com um malfeitor ou com um mentiroso? Se os há entre nós, os encarnados, igualmente os há em grande quantidade entre os espíritos, que nada mais são do que seres humanos desencarnados. Portanto, quando se tem interesse em comunicações provenientes do outro lado da vida, importa buscar locais idôneos em que as comunicações sejam sérias e realmente proveitosas, vindas de entidades de nível elevado que tenham condições de ajudar.

Não é somente intercâmbio espiritual o que se busca num centro espírita. Existem vários tipos de atividades mais importantes do que o próprio intercâmbio, como os trabalhos de curas espirituais e materiais, geralmente através dos passes (ou seja: transmissão de energias). Jesus curava "impondo as mãos". Hoje é conhecida a energia que se desprende através das mãos humanas, sendo usado esse processo de cura entre pessoas ligadas a vários setores religiosos ou a segmentos de terapias alternativas. Os conhecidos "passes" dos espíritas são usados por outras religiões com nomes diferentes.

Muitos autores têm se dedicado a estudar esse procedimento e já temos excelentes obras a respeito. No que diz respeito ao espiritismo, não poderíamos deixar de citar a extraordinária contribuição de Edgard Armond, de toda sua obra e especificamente seu livro ***Passes e Radiações***,[2] que tem servido de norma de conduta para muitos centros espíritas realmente confiáveis.

Talvez o que menos motive as pessoas a buscar uma casa espírita é o ***conhecimento evangélico***, mas ***esse é o aspecto mais importante***, que serve de base para todas as outras atividades. A doutrina espírita é antes de tudo uma tomada de posição cristã, procurando reviver as práticas puras do evangelho como em sua fase primitiva, a caridade verdadeira, sem os "adendos" que a vaidade humana veio introduzir no cristianismo através dos tempos: pompas, rituais, práticas excêntricas, cargos, regalias. O que Jesus nos ensinou foi a vivência do amor; pura e simplesmente a vivência do amor.

Um centro espírita deve obedecer a critérios elevados de funcionamento. Há centros excelentes, como há outros que devem ser evitados porque se desviaram dos verdadeiros objetivos cristãos. É importante não confundir espiritismo com outras práticas como candomblé, umbanda, magia negra etc... São coisas muito diferentes, embora todos esses setores lidem com os espíritos. As pessoas confundem muito. Cada linha tem características próprias. Quem desejar conhecer, atenha-se sem receio ao espiritismo cristão, que é aquele iniciado por Kardec e que segue em sintonia com as normas do evangelho.

Entramos neste assunto para analisar a validade das comunicações vindas do mundo dos espíritos e que normalmente são trazidas através dos médiuns.

Ainda que nos cerquemos de todos os cuidados para esse intercâmbio, outros fatores ainda precisam ser levados em conta para que realmente se possa dar crédito a uma comunicação espiritual.

Um espírito, quando se comunica, não apresenta carteira de identidade. Um item importante a ser considerado é o próprio ***conteúdo*** da mensagem. Uma entidade de ordem supe-

---

2 ARMOND, Edgard. ***Passes e Radiações.*** São Paulo, Editora Aliança.

rior não fala coisas tolas, nem se preocupa com questiúnculas da vida material, que nos cabe resolver por nós mesmos.

Os espíritos superiores geralmente não se preocupam com esses assuntos gostam de auxiliar, mas principalmente no que se refere à nossa conduta moral, no alívio dos sofrimentos, nas diretrizes espirituais; trazem esclarecimentos sobre as realidades do mundo espiritual e nos ajudam em muitos aspectos, porém sempre com um cunho nobre e superior. Não interferem nas nossas questões do dia-a-dia, pois sabem que resolvê-las cabe a nós mesmos, o que faz parte do nosso aprendizado na Terra. Portanto, antes de adotarmos como válida determinada mensagem vinda do plano espiritual é bom verificarmos o conteúdo, a origem, as condições do recebimento, a seriedade do lugar e do médium. Também é norma sempre respeitada no espiritismo, quando se trata de revelações importantes ou que possam gerar dúvidas, a repetição da mesma informação por várias fontes diferentes e confiáveis, como comprovação. Nunca devemos nos esquecer das precauções que devem ser tomadas, das regras que devem ser observadas, além da necessidade de elevação moral e espiritual dos médiuns.

Respeitando-se as normas de segurança, podemos aprender muito com os espíritos. Temos livros preciosos que desbravam a dimensão espiritual, trazendo revelações valiosas que nos ajudarão a familiarizar-nos desde já com esse mundo fantástico que iremos freqüentar um pouco mais à frente.

Capítulo 12

Morte e transição

Após essas ponderações, podemos analisar alguns esclarecimentos importantes trazidos a nós pelos espíritos e que podem ajudar a conhecermo-nos melhor, como seres espirituais que somos.

Vamos iniciar examinando esse acontecimento conhecido por "morte" e a condição em que nos encontraremos após esse processo de desligamento do mundo material. Que aparência teremos? Que consistência? Como viveremos? Com que mundo nos defrontaremos?

Pode parecer um pouco lúgubre tratar desses assuntos, mas se pensarmos friamente, veremos que é um fato a enfrentar e o melhor é estarmos preparados sabendo que essa situação nos espera. Ninguém pode fugir a essa realidade. E, afinal de contas, não é necessariamente uma perspectiva assustadora, mas pode mesmo ser encarada como mudança para algo melhor.

Parece existir um temor natural nas pessoas em relação ao processo da morte, ou desencarne. Os costumes sociais levam a isso. Tudo o que uma criança geralmente aprende sobre a morte, é simbolizado numa visão de tristeza, de choro, de desespero. Junte-se a isso o luto antigamente respeitado, as vestes pretas, as velas, enterro, cemitério etc... São raras as famílias que encaram a morte com tranqüilidade.

A rigor, tudo o que poderíamos temer na morte seria

o mesmo a temer numa viagem para uma terra desconhecida, com costumes diferentes dos nossos, o que nos causaria naturalmente certa apreensão. Não há nada que faça supor que o episódio da morte seja doloroso. Dolorosa pode ser a doença, ou os acontecimentos que venham a produzir a morte; não porém o ato de deixar o corpo físico. Pessoas há que dão um suspiro e "morrem" sem expressar qualquer dor, ou então morrem simplesmente dormindo. Doenças nos maltratam mesmo em vida, assim como sofremos por causas diversas. O morrer, porém, deixar o corpo, não causa dor e não deve nos atemorizar.

A rigor, o momento da morte é diferente de um para outro e depende dos méritos e necessidades espirituais de cada um.

Allan Kardec, no livro ***O Céu e o Inferno*** nos dá a seguinte explicação sobre o momento do desencarne:

> A extinção da vida orgânica produz a separação da alma e do corpo pelo rompimento da ligação fluídica, mas essa separação nunca se verifica de maneira brusca. O fluido perispiritual se desprende pouco a pouco de todos os órgãos, de maneira que a separação só se completa quando não resta mais um único átomo do perispírito unido a uma molécula do corpo. A sensação dolorosa que a alma experimenta nesse momento está na razão da quantidade de pontos de contato existentes entre o corpo e o perispírito, determinando a maior ou menor dificuldade ou lentidão da separação. /... O estado moral da alma é a causa principal que determina a maior ou menor facilidade de desprendimento. A afinidade entre o corpo e o perispírito decorre do apego do Espírito à matéria. Chega ao máximo no homem que concentra todas as suas preocupações na vida e nos prazeres materiais que ela oferece. É quase nula naquele cuja alma purificada se identifica por antecipação com a vida espiritual / ...Na morte natural, a que resulta da extinção das forças vitais pela idade ou pela doença, o

desprendimento se opera gradualmente. No homem cuja alma se desmaterializou e cujos pensamentos se desprenderam da atração das coisas terrenas, o desprendimento quase que se completa antes da morte real.

A situação do Espírito no momento da morte pode se resumir assim:

O Espírito sofre tanto mais, quanto mais lento for o desprendimento do perispírito. A presteza do desprendimento depende do grau de desenvolvimento moral do Espírito. Para o Espírito desmaterializado, cuja consciência é pura, a morte é apenas um sono passageiro, sem nenhum sofrimento, e o seu despertar é cheio de suavidade.

Há uma situação diferente, como explica ainda Kardec:

> Na morte violenta as condições não são sempre as mesmas. Nenhuma desagregação parcial tendo podido levar a uma separação antecipada entre o corpo e o perispírito, a vida orgânica é subitamente sustada, ainda na plenitude da sua força. O desprendimento do perispírito só começa depois da morte. Nesse caso como nos outros não pode realizar-se instantaneamente. O Espírito, colhido de surpresa, sente-se como aturdido, mas ao perceber que pensa ainda, acredita-se vivo. Esta ilusão dura até que ele possa tomar conhecimento de sua nova situação.[1]

Na segunda parte do referido livro, Kardec procede a uma verdadeira investigação da situação dos espíritos desencarnados, em diálogos com entidades em diversas situações, espíritos que tiveram na existência terrena vidas positivas ou negativas, que foram bons ou maus, que morreram de morte natural ou violenta, suicidas etc., o que permite tirar conclusões bastante lógicas sobre as conseqüências no mundo espiritual da vida que levaram na Terra.

Vejamos um pequeno trecho do relato de um espírito (Samuel Philippe):

1 KARDEC, A. *O céu e o inferno.* Opus cit. pgs. 148, 150, 151, 152.

> Embora tivesse sofrido cruelmente com a minha doença final, não passei pela agonia. A morte foi para mim como um sono, como um sono tranqüilo. Não tenho preocupações com o futuro, não me apeguei à vida. Não tive, por conseguinte, de me debater nos últimos instantes. A separação se operou sem esforços, sem dor e sem que eu houvesse sequer me apercebido. Não sei quanto durou este último sono, mas foi breve. O despertar foi tão calmo que contrastava com a minha situação anterior. Eu não sentia mais dores e me regozijava com isso. ...

Ernesto Bozzano relata vários depoimentos de espíritos (em seu livro *A Crise da Morte*) que narram a condição da transição para o outro lado.

Vejamos trechos da comunicação de um espírito, endereçada à uma amiga:

> Começarei por aqui: que a morte absolutamente não existe; a significação dessa palavra é um contra-senso. Assim pensei sempre em vida, mas, às vezes o corpo não estava de acordo com o Espírito. Agora o reconheço.
>
> Antes de continuar, devo informá-la de uma coisa, a cujo respeito tenho certeza; é que nenhum peregrino do mundo dos vivos chega a este mundo pela mesma porta. O meio que aqui nos recebe se apresenta a cada um de nós de modo inteiramente diverso. Segue-se daí que o que eu lhe dissesse poderia não parecer perfeitamente idêntico a qualquer outra narrativa deste gênero...
>
> O trespasse me foi tão fácil! Senti-me cansada e sonolenta; pela manhã adormeci ligeiramente. Foi então que percebi estranhas luminosidades, singulares filamentos luminosos. Senti-me em seguida a flutuar no espaço e a minha mentalidade se tornou muito límpida. Pensei: "Como me sinto bem! Eu sabia que me havia de curar! / ... Muitas pessoas, dentre as que me eram mais caras, vieram em seguida ter comigo. Havia entre outras, a mais querida de todas: Mi-

nha mãe! / ... Os espíritos me informaram de que iam ajudar-me, com seus conselhos, para me facilitarem a ruptura dos filamentos luminosos que ainda me ligavam ao corpo.[2]

E o espírito prossegue dando detalhes de suas sensações após o desencarne e do panorama vislumbrado no mundo dos espíritos. Este desencarne foi tranqüilo mas nem todos, conforme comentamos, seguem este padrão.

É muito interessante a leitura desses relatos. Pontos coincidentes acontecem na maioria dos desencarnes.

Para esclarecimento, resumimos as conclusões tiradas por Bozzano:

- os espíritos se vêem do "outro lado" com a forma humana;
- muitas vezes passam algum tempo sem perceber que "morreram";
- há uma recordação sintética de todos os acontecimentos da vida que termina;
- são recebidos por entes queridos que os precederam nessa viagem;
- passam por uma fase de sono reparador;
- o meio onde se encontram do outro lado é radioso para os que na Terra tiveram vida moral superior e tenebroso no caso das pessoas que foram depravadas ou voltadas para o mal;
- percebem que o mundo espiritual para eles é tão real, como o nosso mundo físico o é para nós, e, nesse mundo espiritual, o pensamento desempenha um papel importantíssimo como força criadora, podendo criar formas e modelar ambientes;
- para os espíritos de nível evolutivo já razoável, novas possibilidades se apresentam, como a transmissão de pensamento como meio de comunicação, a percepção visual que se amplia grandemente, a faculdade de se transportarem de um lugar a outro pela força do pensamento;

2 BOZZANO, Ernesto. *A crise da morte.* 6ª Ed. Rio de Janeiro, Feb, 1987. pgs. 117, 118.

• finalmente aprendem "que os Espíritos dos mortos gravitam fatalmente e automaticamente para a esfera espiritual que lhes convém, por virtude da "lei de afinidade".

Existe uma sintonia vibratória que nos leva para o lugar condizente com nossa evolução moral. Vamos para junto dos nossos iguais. Por isso os bons não são perturbados pela presença dos maus. Cada um permanece junto dos seus similares, no lugar que lhes cabe. Para os maus, naturalmente o ambiente não vai ser nada agradável, tendo que conviver com outros semelhantes a eles mesmos, mas para os bons o quadro é bem mais satisfatório, não tendo que sofrer o assédio dos maus. Seu ambiente torna-se extraordinariamente agradável pela convivência com almas elevadas. A vida não termina, mas prossegue em todos os níveis, em condições que podem ser muito melhores que as desfrutadas na Terra, como podem também ser bastante sofridas se a pessoa fez por merecer.

A morte não deveria ser considerada como algo terrível. É um processo corriqueiro na vida da alma, pelo qual ela passa inúmeras vezes. Talvez esteja chegando o momento de se encarar a morte até mesmo como um acontecimento satisfatório, assim como vemos com alegria a perspectiva de uma viagem para um lugar agradável; pelo menos sem medos, sem dramas. Geralmente tememos o desconhecido, mas à medida que esse "desconhecido" vai se tornando "conhecido", esse medo também vai perdendo a razão de ser.

Capítulo 13

A vida no Além

A vida no mundo dos espíritos, como já pudemos perceber, será agradável ou desagradável dependendo do merecimento e grau evolutivo de cada um.

Como pode ser essa vida? Parece que mesmo aos menos evoluídos não agrada a idéia tão popularizada de um céu onde se fica tocando harpa em cima das nuvens.

Se aqui na Terra desejamos um viver ativo, alegre, satisfatório, o mesmo devemos esperar da vida no Além.

Vejamos alguns relatos sobre essa outra forma de existência, o que nos dizem alguns autores encarnados ou desencarnados. Espero não escandalizar aqueles que se atêm ferozmente aos conceitos tradicionais de céu ou de inferno.

É bom lembrar que como existem muitos "planos" de existência além do mundo físico, veremos apenas relatos dos níveis mais comuns, condizentes com o estágio médio dos seres humanos na atualidade.

As almas inferiorizadas permanecem em níveis mais baixos, mais próximos à Terra. Yogue Ramacharaca nos diz:

> A alma acorda justamente no plano para o qual é adaptada.
> Os planos muito inferiores do mundo astral estão cheios de almas de um tipo grosseiro, incultas e semi-animais, que vivem o mais aproximadamente possível as vidas que viveram na terra.

Ao contrário, as almas elevadas vão para planos melhores onde tem mais tempo para se refazerem da freqüentemente difícil existência terrestre:

> As almas dos planos mais elevados, como têm muito menos atração pela vida terrestre e tão excelentes oportunidades para progredir, naturalmente empregam um tempo muito maior no mundo astral, sendo a regra geral que, quanto mais elevado é um plano, maior é nele o tempo de descanso e residência.[1]

Muitas vezes as pessoas endeusam aqueles que já morreram, como se de repente se tornassem "anjos". Tal não acontece. Continuamos tais quais somos, com as mesmas características da vida terrena e em muitos casos a criatura nem se apercebe de imediato que já não está mais entre os "vivos" da Terra.

Consideremos algumas palavras de Arthur E. Powell:

> Nunca se insistirá demais no fato de que não ocorre nenhuma mudança no homem ao morrer; ao contrário, ele permanece depois da morte exatamente o que era antes (...) / Tem o mesmo intelecto, a mesma disposição, as mesmas virtudes e os mesmos vícios; a perda do corpo físico não faz dele um homem diferente mais do que o faria a remoção de um sobretudo. Ademais, as condições em que ele se encontra são aquelas que seus próprios pensamentos e desejos criaram para ele. Não há recompensa nem castigo vindos do exterior, mas somente o resultado real do que ele próprio fez e disse e pensou enquanto viveu no mundo físico. (...) / Esse é o primeiro e mais notável fato a observar: depois da morte não há uma estranha vida nova, mas uma continuação, sob certas condições modificadas, da vida presente no plano físico. Tanto é esse o caso que um homem, ao chegar ao plano astral após a morte física, de

1 RAMACHARACA, Yogue. *14 lições de filosofia yogue.* São Paulo. Pensamento, 1977, pgs. 156, 157, 158.

> forma alguma sabe que está morto; e mesmo quando compreende o que lhe aconteceu, nem sempre, de início, compreende em que o mundo astral difere do físico. (...) / Se um homem jamais tinha ouvido algo sobre o plano astral em sua vida, provavelmente irá sentir-se mais ou menos perturbado pelas condições totalmente inesperadas em que se encontra.

Estas considerações, embora provindas de fontes doutrinárias diferentes, se harmonizam e se complementam, enriquecendo nossos conhecimentos sobre o outro lado da vida. Arthur Powell continua, mais adiante:

> Aos poucos o homem começa a compreender as diferenças entre sua vida presente e a que viveu no mundo físico. Por exemplo, depressa compreende que para ele já não existem dor nem cansaço. Descobre também que no plano astral os desejos e os pensamentos expressam-se em formas visíveis, embora essas formas sejam compostas, em sua maior parte, da matéria fina daquele plano. E, conforme sua vida continua, tais condições se fazem cada vez mais pronunciadas.[2]

Examinemos ainda algumas diferenças para os espíritos em suas vidas no espaço.

Consultemos Léon Denis:

> No meio dos espaços não existem moradas circunscritas para as almas. Tanto mais livres quanto mais puras forem, estas percorrem a imensidade e vão para onde as levam suas afinidades e simpatias. Os Espíritos inferiores, sobrecarregados pela densidade de seus fluidos, ficam ligados ao mundo onde viveram, circulando em sua atmosfera ou envolvendo-se entre os seres humanos.

---

2 POWELL, Arthur E. *O corpo astral.* São Paulo, Pensamento, s.d. pgs. 99, 100.

O autor se refere à liberdade de que gozam os espíritos superiores podendo locomover-se com imensa liberdade, enquanto os mais atrasados são limitados por sua própria condição mais densa, ficando como que imantados ao cenário em que viveram na Terra. Mais adiante no texto, outras explicações nos fazem compreender melhor o sentido das palavras:

> As almas colocam-se e agrupam-se no espaço segundo o grau de pureza do seu invólucro; a condição do Espírito está em relação direta com a sua constituição fluídica, que é a própria obra, a resultante do seu passado e de todos os seus trabalhos. Determinando a sua própria situação, acham, depois, a recompensa que merecem. Enquanto a alma purificada percorre a vasta e fulgurante amplidão, repousa à vontade sobre os mundos e quase não vê limites ao seu vôo, o Espírito impuro não pode afastar-se da vizinhança dos globos materiais.
> Entre esses estados extremos, numerosos graus permitem que Espíritos similares se agrupem e constituam verdadeiras sociedades do invisível. A comunhão de sentimentos,, a harmonia de pensamentos, a identidade de gostos, de vistas, de aspirações, aproximam e unem essas almas, de modo a formarem grandes famílias.
> Sem fadigas, a vida do Espírito adiantado é essencialmente ativa. As distâncias não existem para ele, pois se transporta com a rapidez do pensamento.[3]

Não é intenção neste momento *trazer provas* de que as coisas se passam exatamente desta maneira. Como já foi comentado, não existe como comprovar essas situações, a menos que sejamos portadores de tal grau de clarividência ou desdobramento espiritual, que nos permita a visão direta dessa outra dimensão, o que é muito raro. Algumas pessoas possuíram ou possuem essas faculdades e nos relatam suas

3 DENIS, Léon. *Depois da morte. Opus cit.pgs.214, 215.*
* corpo espiritual

experiências. Para os que não dispõem dessas prerrogativas cabe socorrerem-se de autores confiáveis, íntegros, de pesquisas na área espiritual extremamente cuidadosas, de relatos mediúnicos dignos de credibilidade. Podemos verificar que existe uma coincidência de informações nas diversas doutrinas quanto à comprovação das realidades espirituais. Limitamo-nos aqui a apresentar alguns parágrafos provindos de fontes diferentes, que no nosso entender podem dar no conjunto uma visão mais ampla da situação dos espíritos após a morte física. O que oferecemos é uma amostra concisa do que pode ser levantado, mas não caberia no propósito deste livro, pelos motivos já citados, um alongamento maior sobre os vários assuntos tratados.

Assim mesmo, embora com limitações, busquemos avançar um pouco mais no conhecimento sobre as condições de vida no plano espiritual. Se nos ocuparmos de leituras sobre o assunto, veremos logo inúmeros relatos narrando que "do outro lado" há espíritos que vivem errantes, perturbados e perdidos, sem compreenderem sua situação após a morte, pensando que ainda estão vivos, misturando-se entre os humanos. Outros há que se situam em regiões que poderíamos chamar por analogia de purgatoriais ou infernais, dada sua lastimável condição espiritual. Espíritos muito depravados também formam comunidades, juntando-se para a prática do mal e perseguição a seus desafetos humanos, dando razões completas para que sejam chamados de "demônios". Engendram perseguições e chegam a perturbar bastante a vida dos encarnados que lhes oferecem sintonia, dando origem a dolorosos processos obsessivos difíceis de serem resolvidos. Para esses espíritos essa é uma fase provisória, até que a luz do esclarecimento e do arrependimento os leve a uma mudança de atitude. Se não o fizerem por si mesmos, o processo carmático se encarregará de reconduzi-los ao bem.

Espíritos de nível médio geralmente são socorridos por entidades amorosas e voltadas para o bem, que os acolhem em lugares apropriados à sua evolução. Esses lugares são plasmados na dimensão espiritual pelo poder do pensamento. Cidades são construídas com nível de vida superior às que encontramos na Terra. Através do médium Francisco Cândido Xavier, o espírito André Luiz escreveu uma série de livros com narrativas impressionantes sobre a vida após a morte, como ele mesmo teve oportunidade de presenciar. Esta série iniciou-se com o conhecido livro *Nosso Lar*, hoje presente praticamente em todas as livrarias. Há muitas outras obras no gênero.

Vejamos um resumo dessas situações no além, nos dizeres do espírito Joanna de Ângelis, pela mediunidade de Divaldo Pereira Franco:

> Sendo a vida na Terra, suas edificações e paisagens, um símile mais condensado e algo mais grosseiro do que existe no mundo espírita ou espiritual, facilmente se compreenderá que o progresso na região das causas transcende em beleza e realizações, superando em emoções e efeitos tudo quanto a imaginação pode conceber.
>
> Desde os sítios mais grotescos e sombrios onde se fixam os núcleos de depuração compulsória para os que dilapidam, irresponsáveis, os preciosos dons da existência, até aos altos círculos de felicidade nas vibrações circunvizinhas da Terra, há uma infinita variedade de vilas e cidades, círculos espirituais e postos de socorros onde vivem os que se vinculam ao planeta generoso que nos serve de berço e escola de progresso, nos intervalos de uma para outra reencarnação. Plasmados pelas mentes que as moldam no fluido universal, são populosos centros de vida em que o amor estua, verdadeiros céus para os que atuam nos ideais de enobrecimento, pousadas dos Espíritos ditosos que promovem no Orbe, quando reencarnados, o crescimento da cultura, das artes e das ciências. Esses verdadeiros missionários da abnegação e da caridade são os artífices da beleza no mundo em nome de Nosso Senhor Jesus Cristo.

> Não se trata de lugares hipotéticos, ou de centros onde campeie a ociosidade em aposentadoria demorada, ou de paisagens fantasistas para o repouso da inutilidade.
> Há atividades febricitantes em que o culto ao trabalho fomenta o progresso das mentes e aprimora os sentimentos do coração.[4]

Poderíamos prosseguir nessa narrativa bastante interessante, mas a interrompemos para não sobrecarregar o leitor e podermos dar andamento a outras questões.

Não poderíamos deixar de mencionar os suicidas, que encontram uma situação bastante difícil após o desencarne. A primeira realidade com que se defrontam é a constatação de que não conseguiram dar fim à vida como desejavam e continuam bem vivos. O preço, porém, de se dar fim ao corpo é bastante alto; é prolongada a agonia do espírito suicida. Voltemos aos esclarecimentos de Joanna de Ângelis no livro citado:

> Os suicidas, graças às atenuantes ou agravantes que os selecionam automaticamente, descobrem em inditoso despertar a não existência da morte, incorporando as dores de que se desejavam furtar às inimagináveis agonias que lograram com a violência contra o corpo, e que agora, invadido pela vérmina, transmite cruas sensações da desorganização celular adicionadas à dor decorrente do processo utilizado para o autocídio...[5]

Os espíritos em geral informam que os suicidas sentem por muito tempo a agonia do processo de autodestruição que usaram para por fim à vida. É com certeza uma das piores formas de adentrar o mundo espiritual e a portadora dos mais atrozes sofrimentos.

Vejamos o que diz Léon Denis:

4 FRANCO, Divaldo P. (Joanna de Ângelis). *No limiar do infinito.* 2ª Ed. Salvador, Alvorada, 1983, p. 93.
5 Opus cit. p. 103.

> Quanto aos suicidas, a perturbação em que a morte os imerge é profunda, penosa, dolorosa. A angústia os agrilhoa e segue até à sua reencarnação ulterior. O seu gesto criminoso causa ao corpo fluídico um abalo violento e prolongado que se transmitirá ao organismo carnal pelo renascimento. A maior parte deles volta enferma à Terra. Estando o suicida em toda a sua força, a vida, o ato brutal que a despedaça produzirá longas repercussões no seu estado vibratório e determinará afecções nervosas nas suas futuras vidas terrestres.[6]

É bastante chocante a situação do suicida na vida espiritual e chocante também é para nós o relato dos padecimentos por que podem passar. Se nos estendemos um pouco nessa narração dolorosa foi com a finalidade de eventualmente tentar apagar essa idéia da mente de alguém que em algum momento possa alimentá-la. Por esse motivo acrescentamos ainda aqui o esclarecimento do espírito Emmanuel pela mediunidade de Francisco C. Xavier. Foi-lhe feita a seguinte pergunta: "Quais as primeiras impressões dos que desencarnam por suicídio?" – A resposta foi a seguinte:

> A primeira decepção que os aguarda é a realidade da vida que se não extingue com as transições da morte do corpo físico, vida essa agravada por tormentos pavorosos, em virtude de sua decisão tocada de suprema rebeldia.
> Suicidas há que continuam experimentando os padecimentos físicos de última hora terrestre, em seu corpo somático, indefinidamente. Anos a fio, sentem as impressões terríveis do tóxico que lhes aniquilou as energias, a perfuração do cérebro pelo corpo estranho partido da arma usada no gesto supremo, o peso das rodas pesadas sob as quais se atiraram na ânsia de desertar da vida, a passagem das águas silenciosas e tristes sobre os seus despojos, onde procuraram o olvido criminoso de suas tarefas no mundo e, comumente, a pior emoção do suicida é a

6 DENIS, Léon. *O problema do ser...* Opus cit. p. 138.

> de acompanhar, minuto a minuto, o processo da decomposição do corpo abandonado no seio da terra, verminado e apodrecido.
> De todos os desvios da vida humana o suicídio é, talvez, o maior deles pela sua característica de falso heroísmo, de negação absoluta da lei do amor e de suprema rebeldia à vontade de Deus, cuja justiça nunca se fez sentir, junto dos homens, sem a luz da misericórdia.[7]

Naturalmente cada caso é um caso. Há atenuantes e agravantes que são consideradas, porque a justiça de Deus é perfeita. Essa descrição de Emmanuel se refere aos casos em geral.

A vida cobra o seu preço por cada um dos nossos atos, portanto será extremamente vantajoso para cada um de nós não infringir as leis divinas, pois assim estaremos construindo com acerto um futuro feliz. O momento de nosso retorno ao mundo espiritual é um acontecimento sumamente importante nas nossas vidas e devemos prepará-lo para que seja uma passagem tranqüila.

Voltando à situação encontrada pelo espírito, em geral, após a morte física, podemos notar que há um período variável de perturbação espiritual para todos os recém-chegados à vida no além, até que se acomodem à nova situação, exceção feita aos que se prepararam muito bem para esse momento e viveram com muito acerto a vida terrena.

Os relatos apresentados podem parecer fantasiosos e incríveis para aqueles que nada ainda ouviram falar sobre essa questão, mas são muito familiares aos que estão acostumados com a literatura espiritualista. Nada há do que se espantar e um pouco de estudo acabará com muitas dúvidas. Espíritos diversos, através de vários médiuns, confirmam os mesmos esclarecimentos, acrescentando muitas vezes informações mais detalhadas sobre as diferentes situações no além.

---

7 XAVIER, Francisco Cândido. *O Consolador.* 8ª Ed. Rio de Janeiro, Feb., 1980, p. 96 – perg. 154.

Não devemos nos fixar nos aspectos negativos e dolorosos que envolvem os espíritos faltosos e rebeldes, mas sim buscar as condições necessárias para merecermos estar entre os que desfrutam de felizes condições no seu despertar espiritual, felicidade essa que supera em muito aquela que podemos idealizar na Terra. Estaremos livres das dores, dos sofrimentos, com possibilidades surpreendentes em novas condições de vida, o que somente é possível em nível superior de existência. A sonhada "felicidade terrena" não é senão tímido reflexo da condição superior de vida experimentada no plano espiritual mais elevado.

Será interessante que façamos uma auto-avaliação, para ver se realmente estamos usando da melhor forma possível a nossa atual encarnação. Aqui estamos nesta vida física, com o objetivo de cumprir compromissos assumidos antes da vinda à Terra – essa é a informação que temos da parte dos espíritos. O cumprimento desses propósitos, que entendemos legítimos quando estamos ainda do "lado de lá", nos levaria ao progresso como seres espirituais. Aqui chegamos empenhados na corrigenda de erros passados, ansiosos pela conquista de um estágio mais evoluído que nos assegurará um futuro mais feliz.

Durante a permanência na Terra esquecemo-nos dos motivos superiores que nos trouxeram à encarnação e nos apegamos aos interesses e prazeres imediatos do mundo material. Temos a tendência de fugir dos assuntos mais importantes para nossa vida espiritual, que é a que realmente importa. Geralmente nos achamos "sempre certos" em nossas idéias e atitudes – os outros é que sempre estão errados — mas será proveitoso tirarmos por um pouco as lentes "cor de rosa" com que habitualmente nos enxergamos, para que nossa avaliação dos fatos seja mais exata e possamos encontrar a maneira certa para viver neste planeta e cumprir os objetivos que a ele nos trouxeram.

Enquanto na Terra, buscamos nossa realização pessoal da forma que nos parece melhor, mas muitas vezes o fazemos de forma equivocada no mundo moderno. Precisamos realizar-nos sim, mas dentro de valores e objetivos espirituais verdadeiros. Precisamos encontrar os ***valores da alma***, a única coisa que nos ajudará para a situação futura. Um dia, não sabemos quando, se próximo ou remoto, ingressaremos no "plano espiritual" somente com as aquisições do espírito e sem nada mais do que tenhamos conquistado na Terra. Tomemos como exemplo um aluno que entre numa escola e durante o curso se beneficie do material escolar gratuito oferecido pela instituição. Um dia dela se retira, levando apenas o conhecimento, a experiência, o aprendizado. Assim também o espírito ao final do curso encarnatório se retira da "escola terrestre" levando o respectivo aprendizado e nada mais. Com um bom desempenho escolar o aluno assegura para si uma boa situação profissional; da mesma forma o espírito, com um bom aproveitamento da encarnação terrena — sendo aprovado nos "testes" e cumprindo as metas — assegura para si uma boa situação para o outro lado da vida.

Essa é uma ***conscientização necessária*** para termos êxito na encarnação e para a aquisição dos valores reais que beneficiem o espírito.

Capítulo 14

Objetivos e valores – discernimento

Imaginamos conhecer bem nossos objetivos na vida, mas isso não é coisa tão óbvia como à primeira vista possa parecer. É comum não nos preocuparmos com esse assunto. Será fácil, de qualquer forma, pesquisar nossos maiores interesses. Basta talvez um pouco de reflexão. Podemos analisar nossos hábitos rotineiros e com facilidade constataremos qual é a atividade a que dedicamos a maior parte do nosso tempo, qual assunto mais nos atrai, que metas estamos tentando alcançar. Alguma coisa para nós sempre tem um peso maior do que outras, e é importante verificarmos, com sinceridade, se a realidade que estamos vivendo está de acordo com os interesses do espírito.

Pode-se dizer que o trabalho material é o ponto fundamental e o mais importante para a sobrevivência e ninguém poderá contestar essa idéia. Ele é sem dúvida o supridor do pão de cada dia e, quando honesto, também é um meio valioso de progresso para o espírito. Traz sempre experiência e aprendizado. Mas o trabalho não é em si mesmo o objetivo a ser buscado. Ele é apenas um meio, um instrumento para se atingir uma meta, uma das ferramentas para ajudar no progresso tanto material como espiritual.

O que buscamos na vida? Alguns poderão argumentar que o bem-estar da família está em primeiro lugar e que tudo gira em torno dela. É idéia justa a ser considerada, mas a família, por mais amada e querida que seja — o que infelizmente nem sempre é o caso — é um agrupamento de seres à nossa volta com os quais interagimos, mas que são seres independentes e cada um tem seu próprio caminho espiritual. O que vai influir para o nosso progresso é a ***nossa maneira particular*** de conviver com a família, ou com o trabalho, ou com qualquer pessoa à nossa volta.

Sempre será a ***nossa atitude*** em todas as situações, seja no trabalho, seja com a família, seja noutro setor qualquer de atividade humana, que terá importância para determinar os resultados espirituais desta encarnação. Não basta estar junto. É preciso saber "como" estar junto. Por exemplo: no trabalho, podemos ser dedicados ou relapsos, podemos trabalhar com prazer ou com constante irritação, podemos escolher um trabalho que beneficie o próximo como podemos nos dedicar a algo que prejudique alguém, podemos ser uma pessoa agradável, gentil, interessada no semelhante, como podemos ser arrogantes, inflexíveis, pensando apenas em nós mesmos, sem sequer nos importarmos com o drama interior de quantos convivem conosco, e assim por diante. No que diz respeito à convivência em família, às vezes achamos que somos ótimos em tudo, mas será que realmente somos? Qual é o conceito que *os outros* fazem de nós? Seria interessante verificar o ponto de vista dos que nos cercam. Com que olhos nos vêem os nossos familiares? O que significamos para nossos entes queridos? Que papel na realidade desempenhamos? Respeitamos o ponto de vista de cada um, ainda que diferente do nosso? Somos amorosos, gentis, prestativos? Como nos vêem nossos queridos? E os que nos servem?

Não é nosso intuito fazer um interrogatório constrangedor, como que a cobrar atitudes que não nos dizem respeito. Se abordamos esse assunto é porque nossas atitudes importam muito para nosso progresso espiritual e irão pesar bastante no nosso resultado encarnatório. Afinal, você está respondendo para si mesmo.

Mesmo no convívio social mais fortuito, sempre será muito importante o comportamento exterior que adotamos, como também a atitude interior que mantemos. Somos pessoas generosas, amáveis com o semelhante, interna e externamente? Ou somos apenas aparência, alimentando internamente ódios ou mágoas? Somos críticos inveterados, sempre descobrindo, mesmo que sutilmente, os erros do próximo, através do cultivo tão disseminado da maledicência? Temos boa vontade para ajudar ou fugimos sistematicamente ao menor esforço dos braços? Responder vai ajudar numa auto-avaliação mais objetiva.

Essas e outras formas de comportamento influirão grandemente na nossa ***destinação futura***. Por isso é necessário determinarmos as metas que realmente desejamos atingir nesta vida.

Todas as coisas então se ajustarão em função do objetivo que se visa alcançar. Se estamos conscientes de nossa destinação espiritual, se sabemos que estamos na Terra para evoluir, adquirir qualidades maiores, se sabemos que nosso futuro dependerá das escolhas atuais, é evidente que vamos direcionar todo o nosso existir para alcançar o que seja do nosso interesse maior.

Lembremos o apóstolo Paulo quando disse: "Todas as coisas me são lícitas, mas nem todas as coisas me convêm; todas as coisas me são lícitas, mas nem todas as coisas edificam."[1]

Um verdadeiro objetivo para a existência só se define para o indivíduo quando existe compreensão do significado da vida; está ligado aos propósitos assumidos pelo ser antes da encarnação, está direcionado ao aperfeiçoamento espiritual, à conquista de valores eternos.

Tomar consciência dessa realidade levar-nos-á a repensar atitudes, dando-nos forças para modificá-las sempre que se contraponham ao verdadeiro ideal espiritual.

O trabalho profissional, tanto como quaisquer outras

1 Novo Testamento — Paulo — I Coríntios 10: 23

formas de atividades que façam parte do nosso cotidiano, continuará existindo como parte rotineira de nossas vidas, porém com valores reformulados e em proporções mais adequadas. Nossa maneira peculiar de exercer essas atividades pode passar por transformações em alguns aspectos, em sintonia com o objetivo espiritual a ser alcançado. Muitos hábitos antigos poderão permanecer tranqüila e prazerosamente como parte do viver normal, salvo se eventualmente algo houver que esteja em oposição às leis divinas. Nosso quadro de valores se modifica interiormente, dando à nossa vida proporções mais justas. Continuamos sendo seres com vida normal em sociedade, porém nossa conduta estará mais voltada a atingir o alvo que temos em mira. O trabalho é quase sempre mais ligado ao nosso interior.

Repetimos: as normas e orientações ideais para ajudarnos nas diretrizes da vida, nos foram dadas em todos os tempos por espíritos notáveis que se encarnaram na Terra com esse propósito. Temos uma culminância de perfeição em Jesus Cristo, que nos deixou um código moral perfeito e adequado para guiar a todas as criaturas em qualquer parte do globo e em qualquer época. O amor que ele preconizou é universal. Ninguém pode contestar seus benefícios. Conhecemos bem esses princípios — que fazem parte de todas as religiões — mas de um modo geral vivemos ignorando-os. No entanto eles são como uma chave que pode abrir a porta para nossa real felicidade. Não nos iludamos quanto ao futuro. Ele existe e está adiante de nós, não se extinguindo com a morte física, mas aí iniciando uma nova fase, muito importante para o espírito.

Os ensinamentos superiores que chegaram à humanidade sempre foram voltados ao amor ao próximo, à vivência prática desse amor. São muitos os que tem belas teorias nos lábios, ou seguem práticas ritualísticas sistemáticas nas várias religiões, mas não são capazes de lançar um olhar de bondade ao sofredor a seu lado, ou abrir mão de um pouquinho do seu ganho para que um mais necessitado passe menos privações. Os ensinamentos aí estão à disposição de todos os que queiram encontrá-los. As normas de conduta de todas as religiões levam à prática do bem, mas as pessoas se fanatizam, se apegam às formas exteriores sem entenderem o sentido profundo do credo que professam, isso quando não se matam uns aos outros por disputas religiosas, negando na prática o que confessam com os lábios. Mas o tempo se encarrega de acertar tudo, trazendo a cada um o entendimento através dos séculos, pelas leis que governam a vida.

Todos queremos um mundo melhor, mas o mundo somente será melhor na proporção em que cada um de nós conseguir ser melhor. Não podemos "consertar" os outros, mas podemos modificar a nós mesmos em tudo aquilo em que não agimos ainda em consonância com os princípios do bem. E uma vez que não somos perfeitos, sempre haverá algum aspecto em que podemos melhorar. Se fôssemos perfeitos não teríamos feito por merecer habitar neste planeta ainda cheio de dores e sofrimentos. Este mundo será verdadeiramente "bom", quando todos forem "bons". E qual seria o meio para tornar todas as criaturas "boas"? Seria interessante pensar um pouquinho sobre essa questão. Analisemos estas palavras de Paulo:

> E não vos conformeis com este mundo, mas transformai-vos pela renovação do vosso entendimento, para que experimenteis qual seja a boa, agradável e perfeita vontade de Deus. — e também: Renovai-vos pelo espírito no vosso modo de sentir.[2]

Paulo fala em renovação profunda: de entendimento e sentimento. Religiosidade não é questão de menor esforço. Implica luta e determinação.

Não adianta preconizarmos a força para acabar com a maldade e com a crueldade no mundo; enquanto não houver a "transformação interior" daqueles que são maus, a so-

2 Novo Testamento – Paulo – Rom. 12: 2 / Efésios 4: 23.

ciedade continuará com os mesmos problemas. A violência não extingue a violência.

É fácil perceber que o amor pregado por Jesus como regra máxima, como mandamento maior, seria a solução perfeita para a paz e para dias melhores para toda a humanidade.

Talvez um pensamento de impotência ante os males do mundo nos assole o espírito, causando-nos certo desânimo, ante a aparentemente total incapacidade que sentimos de algo fazer para reverter o quadro deste planeta, onde parece não existir mais solução possível para os problemas sem conta; mas nenhum pessimismo se justifica, pois o progresso é lei e dia chegará em que a necessária transformação se fará presente. Cuidemos de fazer no momento o que nos seja possível. Ainda lembramos Paulo, que disse: "cada um dará conta de si mesmo a Deus". Por enquanto podemos trabalhar em nós mesmos, tentando ser melhores dia a dia. Cada um que for um pouquinho melhor, fará o mundo também ficar melhor. Façamos a nossa parte pois não podemos fazer a parte dos outros; podemos ajudar a pensar, a educar e dedicar um pouco do nosso tempo contribuindo de alguma forma para a melhoria da vida à nossa volta.

Discernimento

No caminho para a espiritualidade, deveríamos cuidar de desenvolver em nós algumas qualidades essenciais.

Uma das mais importantes é o ***discernimento***. E o que é a rigor discernimento?

Diz o dicionário que discernir é a capacidade de distinguir, de estabelecer as diferenças, conhecer distintamente.

Explica-nos com clareza Ângela M. L. S. Batà:

> Uma das qualidades mais insistentemente mencionadas nos livros espirituais, como requisito essencial para o aspirante é o discerni-

> mento. Por que esta insistência? Que significa realmente esta palavra?
> É preciso procurar compreender perfeitamente o significado do termo "discernimento", antes de tentar desenvolvê-lo em nós.
> A palavra discernimento vem do latim cernere, que significa "escolher", selecionar, separar. O sufixo "dis" reforça a idéia de divisão, de escolha. Portanto, discernimento significa separação, discriminação.
> Efetivamente esta palavra serve para indicar a faculdade de escolher, de distinguir, ingênita na mente humana, antes como poder embrionário e latente e, depois, à medida que ele progride e se desenvolve, como uma qualidade sempre mais aguda, completa e profunda.

Acrescenta mais adiante a mesma autora:

> O poder de escolher, de fazer distinções, de selecionar, nasce na mente humana juntamente com o poder de raciocinar, crescendo e elevando-se ao mesmo tempo que a própria mente.[3]

No que diz respeito às questões mais profundas da existência, seria necessário saber discernir entre o bem e o mal, o certo e o errado, o verdadeiro e o falso; é preciso saber distinguir entre o que é importante e o que não é importante; também o que é mais importante do que é menos importante.

Em tudo na vida fazemos escolhas e somente um discernimento justo nos guiará às opções acertadas.

O livre-pensador J. Krishnamurti, aos doze anos, escreveu um pequeno livro que é na realidade uma obra bastante conceituada nos meios espiritualistas. Foi ditado espiritualmente por um mestre espiritual. Neste livro, o ***discernimento*** é abordado e considerado a primeira qualidade essencial (dentre quatro destacadas) para que se

---

3 BATÀ, Ângela Maria L. S. *O caminho do aspirante espiritual.* São Paulo, Pensamento, s.d., pgs. 89, 96.

entre na "Senda". Das explicações sobre essa qualidade retiramos o seguinte trecho:

> Deves discernir entre o que é importante e o que não é. Firme como uma rocha em tudo que concerne ao bem e ao mal, cede invariavelmente aos outros nas coisas de somenos importância. Pois deves ser sempre amável e bondoso, razoável e condescendente, deixando aos outros a mesma plena liberdade que para ti necessitas.
> Procura verificar o que vale a pena ser feito e lembra-te que as coisas não devem ser julgadas pela sua grandeza aparente. Uma pequena coisa de utilidade imediata à obra do Mestre, merece muito mais ser feita do que uma grande coisa que o mundo considera boa. Precisas distinguir não somente o útil do inútil, mas ainda o mais útil do menos útil. Alimentar os pobres é uma boa obra, nobre e útil; porém alimentar-lhes as almas é ainda mais nobre e mais útil.[4]

Saber dar o justo valor a uma coisa, a um ato, a um acontecimento, realmente não é fácil.

Iniciamos este capítulo falando de "objetivos e valores" e o caminho para alcançá-los é através do discernimento.

Uma grande espiritualista, Cinira Riedel de Figueiredo, assim se expressava:

> Nas pequenas coisas da vida como nos grandes acontecimentos, o discernimento do homem é freqüentemente posto à prova, para que ele escolha o caminho certo a seguir. E é no silêncio interior, na "abertura das portas da mente", liberta de preconceitos, tradições ou de idéias pessoais, que o homem pode abrir sua mente à intuição e encontrar o caminho certo.[5]

---

4 KRISHNAMURTI, J. ***Aos pés do Mestre.*** São Paulo, Pensamento, 1979, p. 20.

5 FIGUEIREDO, Cinira Riedel de. ***Sabedoria Esotérica.*** São Paulo, Pensamento, s.d., p. 136.

O esforço pelo discernimento correto, ligado à espiritualização da criatura, leva-a a desenvolver a intuição (naquele sentido superior), através da qual terá acesso a um campo muito mais amplo de entendimento dos valores reais e verdadeiros objetivos da existência.

O resultado será uma nova visão do mundo, com melhor compreensão, embora o cenário e os atores continuem sendo os mesmos. A motivação para viver será diferente e mais incentivadora, porque o objetivo a alcançar é infinitamente mais atraente. Já não terá muita importância o que é provisório, o passageiro, diante da possibilidade de aquisições eternas. Estas sim, passarão a liderar concentração de todo esforço. Estaremos vivendo na certeza dos resultados compensadores que estarão à nossa frente. Mas mesmo de imediato, a vida já assumirá uma feição mais tranqüila, mais estruturada em ideais seguros, ajudando-nos a enfrentar com serenidade até mesmo os momentos mais difíceis, pois atrás dos fatos aparentes, estaremos percebendo uma realidade mais profunda, que escapa à observação superficial, às pretensões imediatistas e aos raciocínios que bailam à periferia dos acontecimentos.

Jesus:

> Não ajunteis tesouros na terra, onde a traça e a ferrugem tudo consomem, e onde os ladrões minam e roubam;
> Mas ajuntai tesouros no céu, onde nem a traça nem a ferrugem consomem, e onde os ladrões não minam e roubam.
> Porque onde estiver o vosso tesouro, aí estará também o vosso coração.[6]

6 Novo Testamento . Mateus 6: 19-21.

Capítulo 15

Sofrimento e dor

Introduzindo o tema **sofrimento**, que remete a um capítulo doloroso mas constante da vida de todos nós, façamos um pequena revisão de alguns pontos já comentados:

Pelas leis divinas, tudo caminha para o Bem, apesar de tudo que vemos de negativo no mundo. Tudo evolui para melhor, e nós também seguimos rumo a um aperfeiçoamento sem limites.

O meio que o espírito utiliza para seu próprio crescimento e para o desenvolvimento de suas potencialidades é o convívio com o mundo material através do corpo carnal, o que se realiza através das reencarnações sucessivas.

A lei do amor governa o Universo.

As leis divinas dirigem toda a Criação.

Para que a criatura seja autônoma e tenha o mérito de suas ações, foi-lhe dado o livre-arbítrio. Cada um será responsável por si mesmo, escolhendo seu próprio caminho. A lei do carma regula o processo de desenvolvimento do ser, promovendo o equilíbrio da vida e fazendo justiça em todos os setores. Essa justiça gera sofrimento e dor como conseqüência dos erros cometidos, como pode gerar felicidade e alegria como retorno dos acertos.

O sofrimento em si mesmo não foi criado por Deus, mas é uma reação automática à violação de suas leis. Quando o ser contraria a lei do amor, esta mesma lei o reajusta e o traz de volta ao caminho certo. A dor é o impacto de retorno da lei do amor, reajustando o ser.

A lei do carma não é uma lei punitiva, mas *corretiva*. Ela apenas reequilibra aquilo que estava desajustado, como o médico dá um remédio (que as vezes é amargo) ao paciente para curá-lo de uma doença. O remédio não é uma punição, mas o meio adequado para promover a cura. Mesmo assim a dor é sempre mal recebida e pouco compreendida.

O sofrimento na vida é sempre difícil de enfrentar. Ninguém gosta de sofrer, mas nem mesmo as criaturas aparentemente privilegiadas a ele escapam. As doenças são implacáveis e não respeitam nomes, títulos, cargos ou riquezas. Os desastres e acidentes não têm preferências. Até mesmo um "Concorde" cai, um "Titanic" afunda, levando junto os mais bem sucedidos no mundo! A violência se alastra, atingindo todas as classes sociais. As inundações, terremotos, tornados etc., castigam lugares e pessoas indistintamente; isso sem falar das dores do coração, das tragédias individuais, familiares e sociais, disseminadas em todo o mundo. A velhice traz os seus achaques, aos quais poucos conseguem se furtar. A morte vai ceifando os entes queridos do nosso convívio, trazendo muita amargura! Se quiséssemos enumerar todos os tipos de dores que atingem o ser humano, talvez um grande livro não bastasse.

Se algum leitor tiver a ventura de nunca ter sofrido, será bom lembrar, sem pessimismo, que o sofrimento está ligado à existência humana de forma praticamente automática. Embora seja sempre indesejável, acaba por nos encontrar em algum momento da vida, de uma ou de outra forma.

Existe um lado do sofrimento que é inerente à natureza humana, sujeitando a criatura à dor e deixando-a totalmente impotente ante os acontecimentos. Mas precisamos considerar outros aspectos, como aquele sofrimento perfeitamente evitável resultante de nossas intemperanças no presente e também as cobranças que a vida nos faz pelos erros do passado.

A lei do carma age continuamente e nada nos acontece na vida por acaso. Os erros de existências anteriores, ou dessa mesma, trarão resultados dolorosos que em algum momento se expressarão em nosso caminho.

Saber conviver com o sofrimento, portanto, com compreensão e inteligência, torna a existência mais suave. Um entendimento mais verdadeiro do seu verdadeiro significado reduz-lhe bastante o peso. Em primeiro lugar existe sempre a esperança de dias melhores, pois todo sofrimento na terra é passageiro: é um resgate, é uma prova, mas é o prenúncio de dias melhores. Mesmo as perdas tão dolorosas dos entes queridos, tem seu alívio na esperança do reencontro, pois este sempre existirá. Neste campo não existe perda definitiva.

O sofrimento e a dor nada mais são do que a expressão do carma negativo que temos acumulado. Estamos "pagando as contas", portanto é preciso paciência e resignação. Conta paga significa libertação. O desespero só torna a dor mais difícil de ser suportada e só piora as coisas.

Seria interessante considerarmos ***quais as causas possíveis*** para tanta dor existente no mundo. Considerando que todo efeito tem uma causa e que a dor de hoje teve essa causa num passado próximo ou remoto, ou esta causa está na vida atual, ou é anterior a esta vida. Um cego de nascimento, naturalmente nada fez nesta existência para merecer este sofrimento. Comenta Allan Kardec:

> Mas se há males, nesta vida, de que o homem é a própria causa, há também outros que, pelo menos em aparência, são estranhos à sua vontade e parecem golpeá-lo por fatalidade. Assim, por exemplo, a perda de entes queridos e dos que sustentam a família. Assim também os acidentes que nenhuma previdência pode evitar; os revezes da fortuna, que frustram todas as medidas de prudência; os flagelos naturais; e ainda as doenças de nascença, sobretudo aquelas que tiram aos infelizes a possibilidade de

> ganhar a vida pelo trabalho: as deformidades, a idiotia, a imbecilidade etc. (...) / (...) em virtude do axioma de que todo efeito tem uma causa, essas misérias são efeitos que devem ter a sua causa, e desde que se admita a existência de um Deus justo, essa causa deve ser justa. Ora, a causa sendo sempre anterior ao efeito, e desde que não se encontra na vida atual, é que pertence a uma existência precedente. Por outro lado, Deus não podendo punir pelo bem que se fez, nem pelo mal que não se fez, se somos punidos, é que fizemos o mal. E se não fizemos o mal nesta vida, é que o fizemos em outra. Esta é uma alternativa a que não podemos escapar, e na qual a lógica nos diz de que lado está a justiça de Deus.[1]

Quais as causas que podem determinar sofrimentos futuros? Todos os pensamentos, palavras e atos que praticamos em oposição à lei do amor geram energia negativa, que retornará com efeitos dolorosos sobre quem os gerou, mais cedo ou mais tarde.

Precisamos considerar que no passado geramos muita energia negativa que hoje está retornando, em nossas vidas. No presente colhemos esses frutos plantados anteriormente, mas ao mesmo tempo estamos fazendo contínua semeadura para colheita futura. Portanto o futuro será sempre determinado pelo tipo de vida que levamos hoje, ao mesmo tempo que nossa vida atual está determinada pelo tipo de existência que tivemos no passado.

Considerando a justiça divina devemos compreender que de algum modo fizemos por merecer viver em um planeta onde alguns tipos de sofrimento são inevitáveis, como a doença, a velhice e a morte.

A dor física é um aviso da natureza sobre a existência de um mal no corpo somático, que deve ser tratado. Geralmente deriva de um mal psíquico, mas este é um assunto bastante complexo para ser abordado agora. Muitos estudos

1 KARDEC, Allan. *O Evangelho segundo o Espiritismo.* 16ª Ed. São Paulo, Lake, 1978, p.78.

existem a respeito e podemos afirmar, sem medo de errar, que nossos estados conscienciais e emocionais refletem-se no corpo físico. Naturalmente os aspectos positivos geram saúde, enquanto os negativos geram doenças. Inúmeros autores e cientistas têm pesquisado com cuidado este assunto.

Muitos males também são gerados por nossos abusos e não podemos culpar a ninguém senão a nós mesmos por suas conseqüências. Um exemplo típico são os vícios: bebemos e estragamos o fígado, fumamos e destruímos os pulmões, nos excedemos à mesa temos uma indigestão e assim por diante. E não podemos culpar a ninguém. A doença ajuda a pessoa repensar atitudes e se conduzir dentro de normas mais saudáveis. A dor se expressa de formas diferentes, segundo cada caso.

De qualquer forma, a dor é um estágio ***provisório*** no caminho ascensional do espírito. Será necessária apenas enquanto ainda estivermos nesse nível baixo da escala evolutiva, desrespeitando as normas divinas. Assim que ultrapassarmos essa fase, a dor será afastada do nosso caminho. Uma criança pode ser advertida por seus pais de que não deve por a mão na chama do fogo, mas ela é curiosa, quer experimentar, desobedece e põe; resultado, se queima! A dor então sentida é lição suficientemente eficaz para que ela não mais repita a experiência – a lição está aprendida. Essa sensação dolorosa, entretanto, poderia ser evitada se ela ouvisse o conselho de advertência. Uma vez aprendida a lição, a experiência dolorosa não precisará ser repetida.

O mesmo acontece conosco, crianças espirituais que ainda somos e não ouvimos as recomendações que poderiam nos poupar sofrimento; não seguimos as normas de conduta trazidas do Alto, e depois temos que aprender com a vivência da dor.

Comenta Léon Denis:

> A dor será necessária enquanto o homem não tiver posto o seu pensamento e os seus atos de acordo com as leis eternas; deixará de se fazer

> sentir logo que se fizer a harmonia. Todos os nossos males provêm de agirmos num sentido oposto à corrente divina; se tornarmos a entrar nessa corrente, a dor desaparece com as causas que a fizeram nascer.[2]

Podemos evitar o sofrimento?

Certamente não podemos eliminar os atos passados e suas conseqüências que se apresentam em nosso caminho.

Podemos de algum modo aliviar esse retorno negativo, alterando no presente a modalidade de nossa atuação em relação ao passado. Se agimos em encarnações passadas em oposição ao bem, emitindo energias negativas – o sofrimento de hoje é reflexo disso – podemos agora agir em sentido inverso, emitindo energias positivas com nossos pensamentos, palavras e atos. Isto auxiliará a construir um futuro positivo e feliz, além de suavizar os males do presente, remanescentes do passado.

O que podemos fazer na prática para prevenir os males? Poderíamos dizer que basta seguirmos as recomendações espirituais superiores que nos foram passadas em todos os tempos. Em todas as religiões as encontramos e temos um resumo exemplar, um código moral perfeito, no "Sermão da Montanha" enunciado por Jesus, que se encontra nos capítulos V, VI e VII do Evangelho de Mateus, no Novo Testamento. É difícil seguir essas normas? Concordamos que sim, mas é o caminho. Repetimos que é fácil conhecer os ensinamentos, mas praticá-los é bem mais complicado porque exige mudança interior, renovação de valores, alteração de hábitos etc.

Justamente porque os homens deixam de lado essas diretrizes é que permanecem sofrendo por séculos e milênios em encarnações de resgates dolorosos. Já se encontrou soluções científicas para questões importantíssimas em todos os ramos do conhecimento, mas ainda não se encontrou solução para o problema do sofrimento. Parcialmente já

2 DENIS, Léon. *O problema do ser...* Opus cit. p. 384

temos algum avanço. O progresso da civilização apresenta conquistas em inúmeros setores, como vemos por exemplo no campo da medicina, que muito alívio já vem trazendo ao ser humano. A anestesia vem aliviando a dor física, medicamentos interrompem inúmeras doenças promovendo curas, assim como outras conquistas científicas vêm melhorando a vida em múltiplos aspectos na Terra. Mas o homem ainda está muito longe de conseguir solução para as dores da alma e do coração, para os flagelos que assolam a humanidade e outras formas de males aos quais não podemos nos subtrair.

O sofrimento traz sempre com ele uma lição a ser aprendida. Importa portanto aprender essa lição para que o objetivo seja cumprido e a prova não tenha que ser repetida. Saber ***extrair a lição do sofrimento***, esse é o grande desafio. Aprender com ele. Com isso cresceremos e nos aperfeiçoaremos espiritualmente.

A doença causada por nossos abusos e vícios vai nos ensinar a sermos sóbrios e moderados, mostrando a inconveniência desses hábitos nocivos. As dores ensinam às almas frágeis a paciência, a sabedoria, a coragem, a resignação, ajudando-as a reconhecer um poder maior e se dirigirem ao Criador. Cada sofrimento traz sua lição respectiva.

Vejamos algumas palavras bastante inspiradas de Léon Denis:

> A desgraça e as provações fazem jorrar em nós as fontes de uma vida desconhecida e mais bela. A tristeza e o sofrimento fazem-nos ver, ouvir, sentir mil coisas, delicadas ou fortes, que o homem feliz ou o homem vulgar não podem perceber. (...) / São necessários os infortúnios e as angústias para dar à alma seu aveludado, sua beleza moral, para despertar seus sentidos adormecidos. (...) / A dor é como uma asa dada à alma escravizada pela carne para ajudá-la a desprender-se e a elevar-se mais alto. (...) / Se, nas horas da provação, soubéssemos observar o trabalho interno, a ação misteriosa da dor em nós, em nosso "eu", em nossa consciência,

> compreenderíamos melhor sua obra sublime de educação e aperfeiçoamento. Veríamos que ela fere sempre a corda sensível. A mão que dirige o cinzel é a de um artista incomparável, não se cansa de trabalhar, enquanto não tem arredondado, polido, desbastado as arestas de nosso caráter. Para isso voltará tantas vezes à carga quantas sejam necessárias. E, sob a ação das marteladas repetidas, forçosamente a arrogância e a personalidade excessiva hão de cair neste indivíduo; a moleza, a apatia e a indiferença desaparecerão em outro; a dureza, a cólera e o furor, num terceiro. Para todos terá processos diferentes, infinitamente variados segundo os indivíduos, mas em todos agirá com eficácia, de modo a provocar ou desenvolver a sensibilidade, a delicadeza, a bondade, a ternura, a fazer sair das dilacerações e das lágrimas alguma qualidade desconhecida que dormia silenciosa no fundo do ser ou então uma nobreza nova, adorno da alma, para sempre adquirida.[3]

É fator importante aprender a lidar com o sofrimento, uma vez que ele sempre se apresenta na vida e muitas vezes nos pega de surpresa.

Existe toda uma filosofia em torno da dor, que compreendida, ajuda a suavizá-la consideravelmente.

Vejamos alguns pontos.

Diz Huberto Rohden:

> O problema humano não é sofrer ou não sofrer – o problema está em saber sofrer, ou não saber sofrer. (...) / O que o sofredor pode modificar é somente a substância interna de si mesmo, a atitude do seu Eu central, a sua consciência – e com esta nova perspectiva de dentro, o fenômeno externo do sofrimento adquire um aspecto totalmente diferente. Se o sofrimento não pode ser amável, pode ser pelo menos tolerável. (...)/ A amargura máxima do sofrimento não está no fenômeno externo dele, mas na atitude interna do sofredor. E essa correta atitude interna supõe

3 DENIS, Léon. *O problema do ser..* Opus cit. pgs. 373, 374, 375, 379.

> auto-conhecimento. Quando o sofredor sabe que não é o seu Eu divino, mas apenas o seu ego humano que sofre, então pode ele sofrer serenamente, e mesmo sabiamente – talvez até jubilosamente, por saber que ele está construindo a "única coisa necessária que nunca lhe será tirada.[4]

Por mais que se possa entender a razão da dor na existência humana, o homem sempre se perguntará se não existiria um outro meio mais brando de ajustarmos nossas contas com o Alto. Esse meio existe, está à nossa disposição e já o conhecemos. Basta que queiramos seguir corajosamente pelos caminhos certos. Geralmente reclamamos da dor quando já fizemos por merecê-la, mas não nos determinamos a fazer algo para evitá-la no futuro. O trabalho para suprimir a dor é sempre o preventivo. Uma vez ***criada a condição*** para a dor — ou seja, gerada a causa — tudo o que podemos fazer é aprender a conviver com ela, ou de certa forma conseguirmos um abrandamento das provas, por uma ação no bem oposta às forças negativas empregadas no passado.

Vejamos estes esclarecimentos de Cinira R. Figueiredo:

> Só quando o indivíduo atinge o conhecimento real da Vida eterna, não apenas pela leitura de livros, mas pela aquisição de uma certeza das leis universais, procurando viver de acordo com ela, é que ele se liberta do sofrimento e conquista a paz descrita pelos santos e místicos que se puseram em comunhão com a Divindade. (...) / O homem que deseja libertar-se da dor, precisa ser observador, paciente e enfrentar os sofrimentos. Deve encará-la face a face e inteligentemente, descobrir-lhe a causa, pois se ela é fruto da ignorância humana, só por uma atitude inteligente e poderosa dela poderá libertar-se."[5]

---

4 ROHDEN, Huberto. ***Porque sofremos.*** 7ª Ed. São Paulo, Alvorada, 1984, pgs. 55, 56.

5 FIGUEIREDO, C. R. ***Leis Ocultas para uma vida melhor.*** São Paulo, Pensamento, 1973, pgs. 55, 56.

Acrescentemos algumas considerações do Dalai Lama:

> O que temos de ter em mente é que a razão pela qual é tão importante refletir sobre o sofrimento, está na possibilidade de uma saída, de uma alternativa. Existe a possibilidade de nos liberarmos do sofrimento. Com a eliminação das causas do sofrimento, é possível alcançar um estado de Liberação, um estado imune ao sofrimento. /...Se não fosse assim, se não houvesse esperança, nem nenhuma possibilidade de nos livrarmos do sofrimento, a simples reflexão sobre o sofrimento seria apenas uma atividade mórbida e totalmente negativa.[6]

Os atos do passado que geraram dor no presente devem ser analisados, quando possível, para que não voltem a ser repetidos gerando mais sofrimentos futuros. Devemos ter sempre presente que toda causa gera um efeito e um retorno ***da mesma natureza e intensidade***.

Como imaginar essas causas?

Geralmente, o que nos acontece de ruim atualmente é ***semelhante*** ao sofrimento que ocasionamos a outrem no passado. Podemos ter causado mal ao indivíduo, ou à família, à sociedade, ou até a nós mesmos. Hoje somos atingidos por circunstâncias semelhantes às que geramos anteriormente. Toda a dureza com que a vida possa envolver-nos no presente, proveniente de onde quer que seja, reflete nossa atuação no passado em esquema parecido. Como interagimos com as pessoas anteriormente, assim estamos recebendo agora da mesma maneira. Analisando nosso sofrimento atual, poderemos deduzir aonde foi que erramos no passado.

Se você é hoje irritadiço, autoritário e prepotente, estará atraindo para seu futuro alguém que um dia o fará passar exatamente o que está proporcionando aos outros agora. Se você julga ao próximo com rigor, enfrentará para si mesmo

---

6 DALAI LAMA, e Howard C Cutler. *A arte da Felicidade.* 1ª Ed. São Paulo, Martins Fontes, 2000, p. 160.

julgamento rigoroso. Como disse Jesus: "Com a mesma medida com que medirdes, sereis medidos". E isso pode ser aplicado a todas as circunstâncias da vida, boas e más.

> Em virtude de uma rigorosa justiça distributiva, o homem sofre aquilo que fez os outros sofrerem. Se ele foi duro e desumano, poderá ser, por sua vez, tratado com dureza e desumanidade; se foi orgulhoso, poderá nascer numa condição humilhante; se foi avarento, egoísta, ou se empregou mal a sua fortuna, poderá ver-se privado do necessário; se foi mau filho, poderá sofrer com os próprios filhos; e assim por diante. (Kardec)[7]

Existe um ditado que diz: "Quem com ferro fere, com ferro será ferido", assim como dizia a lei de Moisés: "Olho por olho e dente por dente". Isto reflete poderosamente a lei do carma, mas devemos lembrar que esta lei não é tão inflexível como parece, podendo ser abrandada, pois existe sempre a misericórdia de Deus nos envolvendo e dando-nos a oportunidade de reajustamento através da reintegração ao bem e à observância de Suas leis.

Podemos entender melhor a sabedoria das palavras evangélicas: "Amai os vossos inimigos", "O que quereis que os homens vos façam fazei vós a eles, pois essa é a lei..." , que não são simples conselhos para bom comportamento, mas normas sábias e perfeitas que protegem o homem contra conseqüências dolorosas e inevitáveis dos mecanismos divinos que ajustam a vida em todos os níveis.

A bondade, a brandura, a compreensão, o amor desta forma demonstrado, são características das almas nobres que já souberam vencer o orgulho, o egoísmo e o despotismo, aprendendo a respeitar nos semelhantes direitos iguais aos seus. É muito mais difícil e requer muito mais coragem "oferecer a outra face" do que "retribuir na mesma moeda" os males recebidos. Mas são poucos ainda os

7 ALLAN KARDEC. *O Evangelho*...Opus Cit. p. 79.

que conseguem entender estes preceitos. Para a maioria o aguilhão da dor deverá funcionar inúmeras vezes, ensinando talvez asperamente o que não se consegue aprender pela simples boa vontade. De qualquer maneira, uma situação difícil é sempre um desafio ao crescimento interior e a um novo aprendizado.

Analisemos um pouco mais o sofrimento, o que nos ajudará a melhor lidar com ele. Veremos que muitas das dores que padecemos são resultado da nossa atitude interior. É fácil verificar que aquilo que significa sofrimento para um, nem sempre significará sofrimento para outro. O conceito de felicidade e de desgraça varia de pessoa para pessoa.

Uma pequena casa, por exemplo, pode significar a felicidade para uma pessoa muito pobre que nunca teve onde morar. Ao mesmo tempo pode significar um tormento para o rico que perdeu tudo e depois de ter experimentado a opulência e o luxo, saiu de sua mansão necessitando viver em residência bem menor. A casa é a mesma, mas no primeiro caso significa a realização de um sonho; no segundo é sinônimo de sofrimento e perda.

Estamos condicionados por vivências pessoais, por necessidades e desejos que tentamos realizar. Nossa evolução espiritual é que vai determinar o teor dessas necessidades, direcionando-as ao mundo material, ao espiritual, nas proporções adequadas. Sofremos muitas vezes pelo que não conseguimos ter no mundo material. Ensinam os espíritos: o homem mais rico é o que tem menos necessidades. As necessidades exageradas geram mais sofrimento do que benefícios. Geram uma insatisfação constante; a pessoa quer sempre mais, nada é suficiente. Havia sabedoria nas palavras do apóstolo Paulo quando disse: "Aprendi a contentar-me com o que tenho."[8] Isso não quer dizer que devamos viver apáticos, sem lutar por uma vida melhor. A luta é o meio para o aperfeiçoamento; mas a luta certa, equilibrada, bem direcionada. A ambição desmedida leva ao desequilí-

8 Novo Testamento – Paulo / Filipenses 4: 11

brio. Inúmeras pessoas são felizes levando vida modesta, enquanto muitos ricos são eternos infelizes pois nunca estão satisfeitos com o que tem.

Um dos principais princípios religiosos do budismo é o do ***desapego***. Este princípio ensina que o apego prende o homem ao círculo das reencarnações dolorosas. O homem não se libertará da Terra para viver em mundos mais evoluídos enquanto a ela estiver apegado. Seu próprio desejo o trará de volta em nova encarnação. O apego é uma das causas do sofrimento em nossas vidas.

Diz Ângela Batà:

> Toda a ampliação de consciência pressupõe uma "libertação" de certos apegos; portanto podemos definir o desapego como sendo a própria técnica da evolução da consciência a partir da prisão da forma. (...) / Devemos saber gozar um belo dia de sol, um jardim florido, um afeto sincero, a graça de uma criança, uma obra de arte, mas com desapego, sabendo, em nosso coração que a verdadeira alegria é outra, que a verdadeira felicidade é qualquer coisa diferente e inexprimível e que um dia nos será possível conhecê-la e prová-la.
> Devemos ser alegres e serenos, permanecendo, entretanto, livres e desapegados interiormente.[9]

Encontramos a mesma filosofia de desprendimento no cristianismo. Voltamos ao dito do apóstolo Paulo:

> Todas as coisas me são lícitas, mas nem todas as coisas me convêm. Todas as coisas me são lícitas, mas eu não me deixarei dominar por nenhuma.[10]

Também dizem os espíritos:

9 BATÀ, Ângela Maria La Sala. *Do eu inferior ao eu superior.* São Paulo, Pensamento. Cop 1979. pgs. 79,81.
10 Novo Testamento. Paulo / I Coríntios 6: 12.

> Vosso apego aos bens terrenos é um dos mais fortes entraves ao vosso adiantamento moral e espiritual. Em virtude desse desejo de aquisição, destruís as vossas faculdades afetivas, voltando-as inteiramente para as coisas materiais. Sede sinceros: a fortuna proporciona uma felicidade sem manchas? Quando os vossos cofres estão cheios, não há sempre um vazio em vossos corações?[11]

Jesus expressou de outras formas a mesma verdade:

> Não ajunteis tesouros na terra...
> Não andeis cuidadosos quanto à vossa vida, pelo que haveis de comer ou pelo que haveis de beber; nem quanto ao vosso corpo pelo que haveis de vestir. Não é a vida mais que o mantimento, e o corpo mais que o vestido?
> (...) De certo vosso Pai celestial bem sabe que necessitais de todas essas coisas;
> Mas buscai primeiro o reino de Deus e a sua justiça, e todas estas coisas vos serão acrescentadas.[12]

É difícil para o homem moderno compreender essa filosofia, tão submerso está ele na vida material. Este conceito demanda fé e dedicação aos objetivos superiores da vida, que somente uma evolução maior podem trazer. Justamente o caminho de libertação não é fácil — é a ***porta estreita*** da qual Jesus falou — mas quando nos decidimos a buscar a extinção da dor e a conseqüente melhoria de condição na existência humana, precisamos encarar a realidade.

A maturidade espiritual é conquista efetuada através dos séculos, dos milênios, no correr das reencarnações sucessivas. Não chega a nós repentinamente. Começa a se acentuar quando nosso interesse espiritual é despertado e resolvemos colaborar para acelerar o processo evolutivo. Então deveremos aumentar o esforço para atingir as me-

11 KARDEC, A. (Lacordaire). *O Evangelho segundo...* Opus cit. p. 210.
12 Novo Testamento. Jesus / Mateus – Cap. 6: 19, 25, 32, 33.

tas. Afinal o interesse é nosso mesmo, é a nossa vida que está em jogo.

Abordamos o tema do sofrimento por fazer ele parte da vida, mas a verdade é que não gostamos da dor e todos queremos nos libertar do seu jugo. O conhecimento da verdade pouco a pouco chegará a nós e com ele a extinção da dor. Relembramos ainda as palavras de Jesus: "Conhecereis a verdade e a verdade vos libertará".

A morte é um dos capítulos mais difíceis de ser enfrentado.

A perda dos entes queridos é um dos fatores que ocasionam maior sofrimento humano. Afirma-se popularmente que a morte é o único mal que não tem remédio. Entretanto essa não é a realidade, pois a vida continua. Mesmo assim a tristeza da separação, ainda que provisória, não deixa de acontecer e ser bastante angustiosa. Se porém estivermos conscientes de nossa realidade espiritual, da condição de eternidade de que somos portadores, dos reencontros futuros, certamente isto ajudará a aliviar a tensão. Poderemos também ponderar que nossos entes amados que às vezes nos são sugados do convívio, poderão estar após a morte em condições bem melhores do que estavam na Terra, libertos de muitas dores e problemas, se assim fizeram por merecer. Não lamentamos a condição de um preso que tendo cumprido sua pena é libertado da penitenciária.

"O pavor em face da morte é atestado de atraso e incompreensão. A serenidade em face da morte é sinal de compreensão e evolução avançada."[13] – é o que diz H. Rohden.

É importante estarmos interiormente preparados para o sofrimento, para que ele seja menos cruel quando tivermos que enfrentá-lo. O conhecimento de suas causas, de seu mecanismo de justiça, um entendimento mais profundo do fenômeno e de nós mesmos, sempre ajudará a minorar a intensidade das dores que possam atingir-nos na vida.

É necessária uma profunda compreensão do sofrimento para que ele se torne menos amargo. Essa compreensão

13 ROHDEN, H. Opus cit. p. 102.

deve ser adquirida quando tudo vai bem, pois na hora da dificuldade maior, se não houver o preparo antecipado, não o conseguiremos de imediato.

Explica Huberto Rohden:

> É pois de suprema sabedoria que o homem mude de perspectiva e atitude – e isto, não quando vítima de uma tragédia, mas em tempos de paz e bonança. Dificilmente o sofredor alcançará essa serenidade durante o sofrimento, se, antes dele, não a tiver alcançado. O remédio contra as dores não deve ser tomado apenas na presença delas, mas antecipadamente, em tempo de saúde e tranqüilidade. O remédio é, sobretudo, uma profilaxia, e não somente um corretivo. O homem deve vacinar, imunizar todo o seu ser com o soro da verdade sobre si mesmo, para que, na hora da tragédia, não sucumba ao impacto das bactérias mortíferas da revolta e do desespero.[14]

Os seres humanos criam estratégias para driblar o sofrimento, criam mecanismos externos ou internos. Geralmente esses mecanismos não passam de fuga e somente agravam a situação. Como mecanismos externos vemos o uso de drogas, álcool, vícios em geral; como mecanismos internos ou psicológicos, encontramos variada gama, como a recusa em aceitar os fatos, distrações substitutivas, projeção culpando outros etc... São explicações encontradas no magnífico capítulo sobre sofrimento, do já citado livro do Dalai Lama.

Fugir não é a solução, mas sim compreender, encarar de frente, analisar, extrair a lição. A aceitação, a compreensão dos "porquês", elimina a revolta. Assim estaremos evitando outras conseqüências danosas de uma atitude de escape, que deixará mais seqüelas de dor no rastro do tempo.

Nossa maneira habitual de lidar com os problemas também pode aumentá-los e piorá-los, em vez de abrandá-los.

---

14 ROHDEN, H. *Porque sofremos*. Opus cit. p. 57.

Muitas vezes concentramos nosso foco de atenção em todos os males e esquecemos de olhar o lado positivo que sempre vem junto com as dores. Explica ainda o Dalai Lama:

> Com extrema frequência perpetuamos nossa dor, mantendo-a viva com a repetição infinita das nossas mágoas em pensamento, ao mesmo tempo que exageramos as injustiças sofridas. /(...)
> Nossa tendência é a de levar fatos ínfimos muito a sério e ampliá-los de modo totalmente desproporcional, ao mesmo tempo que permanecemos indiferentes ao que é realmente importante, àqueles fatos que têm efeitos profundos na nossa vida além de conseqüências e implicações duradouras.
> Por isso, creio que o fato de sofrermos ou não depende em grande parte de como reagimos a uma determinada situação.[15]

Enfim, nossa atitude diante do sofrimento é que fará a diferença e essa atitude será determinada por nossa condição interior.

De qualquer forma, não há sofrimento eterno e para cada mal existe uma solução.

"Bem-aventurados os que choram porque serão consolados". – Jesus

15 DALAI LAMA. Opus cit. pgs. 169, 171.

Capítulo 16

Compromissos

Se temos uma relativa compreensão espiritual da nossa situação como seres individualizados criados por Deus, isso nos ajudará a refletir mais profundamente sobre as razões imediatas e objetivas de estarmos na Terra neste momento. Vivenciamos situações muito variadas, mais ou menos difíceis, com altos e baixos, cruzando neste mundo com pessoas totalmente diferentes umas das outras, algumas nos trazendo alegrias, conforto, auxílio, felicidade, ou então com outras que são fontes de problemas, dores e constrangimentos de toda ordem.

Os acontecimentos sucedem-se em nossas existências de forma natural e temos que lidar com eles à medida que se nos apresentam. Nada de importante acontece sem uma razão determinada. As pessoas com as quais mantemos algum tipo de relacionamento fazem parte de uma intricada teia, na qual estamos também inseridos.

Defrontamo-nos na vida atual com antigos companheiros de outras encarnações, afetos ou desafetos. Com muitos deles temos compromissos que devemos cumprir. Assumimos no passado créditos ou débitos perante as leis universais, assim como diante de determinados indivíduos e não temos como escapar da obrigação de liquidá-los. Voltamos geralmente ao encontro das mesmas pessoas com as quais já convivemos em existências anteriores. Mas as leis da vida impulsionam tudo para a harmonização e para o amor.

No correr do processo evolutivo e das múltiplas encarnações, vamos formando uma grande família de espíritos que vai se ampliando em um círculo cada vez maior. O certo seria estabelecer um relacionamento fraterno e amoroso com todos esses seres, para que venham a representar para nós contínua fonte de alegria, de amor e reconforto, de amizade e auxílio sempre crescentes, no correr de todas as nossas existências.

No entanto não é isso o que acontece inúmeras vezes e por estarmos ainda imaturos espiritualmente, distantes do cumprimento dos preceitos de fraternidade que nos foram ensinados, acabamos por prejudicar pessoas, por causar danos aos nossos semelhantes, assumindo com muitos seres uma conta a ser saldada. Se prejudicamos devemos ressarcir. E nossos credores acabam por aparecer em nossa vida de alguma maneira, cobrando seus direitos. Pode ser na forma de um parente (filho, esposa, marido, irmãos, pais etc...) como pode ser qualquer outra pessoa que cruze o nosso caminho: pode ser o comerciante da esquina, o vizinho ao lado, o chefe no trabalho, o cliente que nos procura, o amigo, o colega, o pobre que bate à porta, a empregada, o funcionário e assim por diante.

Mais uma vez fica evidenciada a profunda sabedoria contida nos ensinamentos espirituais, que indicam sempre o caminho da bondade e do amor para com todos, incondicionalmente. É a compaixão ensinada pelos budistas, é o amor ao próximo ensinado por Jesus e tantos outros preceitos das várias religiões. O amor é a norma geral de conduta ensinada por todos. Quando temos alguém à nossa frente, não sabemos que espécie de vínculo pode ligar-nos a essa pessoa. O amor fraterno, entretanto, sempre nos posicionará de maneira correta perante tal indivíduo, evitando erros.

Dentro do espiritualismo diz-se comumente que nos ligamos ao próximo pelo amor ou pelo ódio. Isso é uma realidade, pois tanto um como outro vinculam as pessoas umas às outras. No primeiro caso o vínculo é positivo, trazendo conseqüências felizes para os relacionamentos, mas o ódio também liga os seres e poderá desencadear vivências bastante dolorosas para aqueles que o cultivam, até que esse sentimento negativo, no correr das existências, tenha se transformado em amor.

Encontramos em nosso percurso os entes queridos com os quais desejamos estar unidos mas também antigos inimigos, cuja convivência é para nós muitas vezes difícil, porém necessária, para desatar laços negativos outrora contraídos. Podemos recordar as palavras de Jesus:

> Concilia-te depressa com teu adversário, enquanto estás no caminho com ele, para que não aconteça que o adversário te entregue ao juiz, e o juiz te entregue ao oficial, e te encerrem na prisão.
> Em verdade te digo que de maneira nenhuma sairás dali enquanto não pagares o último ceitil.[1]

Poderíamos interpretar da seguinte forma essas simbólicas palavras do Mestre: "Acerta-te com teu desafeto enquanto estás com ele nesta encarnação, para que a lei do carma não te prenda a ele, pois dela não serás libertado enquanto não saldares todas as dívidas!".

Os espíritos nos ensinam que quando estamos do outro lado da vida, no intervalo entre as encarnações, temos uma visão mais ampla dos nossos envolvimentos com os outros seres, das nossas dívidas, nossos créditos, nossas necessidades de resgates. Assim, antes de voltar à Terra, assumimos conosco mesmos e também com outros espíritos, ***compromissos*** encarnatórios, visando o progresso espiritual de todos. Então propomos encontrar na encarnação aqueles que nos são credores, para a oportunidade de reajuste. Às vezes, como já comentamos, dispomo-nos a recebê-los junto de nós como parentes próximos, outras vezes eles nos surgem na vida de outras formas, sempre dando-nos a oportunidade de corrigir antigos erros.

1 Novo Testamento – Jesus (Mateus 5: 25, 26)

Também assumimos compromissos que visam o nosso próprio crescimento espiritual, como os trabalhos que planejamos fazer em benefício do próximo, ou outros que tragam melhorias à sociedade, ao meio ambiente etc., através dos quais podemos avançar no caminho evolutivo. Na outra dimensão vemos com maior nitidez nossas necessidades essenciais.

Espíritos simpáticos muitas vezes se unem para um trabalho em conjunto de aperfeiçoamento espiritual, encarnando-se ao mesmo tempo com propósitos definidos ligados a um objetivo comum, enquanto outros dão suporte ao trabalho, ajudando do outro lado da vida.

A verdade é que estamos encarnados com metas estabelecidas e quanto mais nos empenharmos para cumpri-las bem, maior será nosso proveito e melhores nossas condições no retorno ao mundo espiritual.

Poder-se-ia dizer que é muito difícil identificar esses compromissos. Como fazer se não nos lembramos? Realmente não é necessária essa lembrança. As tarefas assumidas chegam a nós espontaneamente quando nos dispomos a trabalhar pelo Bem. É preciso que estejamos disponíveis a aceitá-las. Basta agirmos sempre de acordo com as normas do amor! o amor não erra! É a regra a ser seguida!

Será de grande proveito assumirmos um trabalho desinteressado em favor do próximo, além das ocupações profissionais e das atividades rotineiras do nosso cotidiano. Isso ajudará no cumprimento dos objetivos espirituais. Para evitar erros é bom que cultivemos em todos os lugares um relacionamento fraterno com as pessoas, indistintamente. Evitemos os conflitos, as disputas vaidosas, os desentendimentos. Tentemos estabelecer boas amizades. No momento em que se entra em conflito com o próximo é bom estar alerta para não agravar dívidas pendentes, ou contrair novos débitos.

Ante esse panorama torna-se evidente a importância da encarnação e de a direcionarmos para seu verdadeiro propósito. Pode ser que essa abordagem não agrade aqueles que querem extrair da vida somente os prazeres. No entanto, ainda que escondam a cabeça na terra como avestruz, a realidade não muda e ninguém se furtará aos rigores das leis que agem no Universo e não admite privilégios para ninguém.

Nada do que foi dito é motivo para desânimo ou tristeza para quem quer que seja, pois essa é uma realidade muito mais bela e justa do que o viver apagado de quem passa pela vida como hóspede, sem nada aprender, sem nada avançar, sem nada crescer.

A vida com propósitos toma sentido, estabelece um ideal, preenche os vazios da existência. Sabe-se porque se vive, que finalidade deve ser alcançada. Sentimos entusiasmo em caminhar para o alvo. Mesmo as dores são muito melhor suportadas se há o entendimento de uma realidade maior.

Com uma compreensão mais desenvolvida, perceberemos sempre a misericórdia divina atuando, abrandando os caminhos de todas as criaturas. As contas muito duras ficam apenas para os muito rebeldes. As vezes não há outro jeito e os resgates se tornam compulsórios.

Seria útil que enxergássemos em cada um dos nossos semelhantes um elo da família espiritual a que pertencemos e estivéssemos bem atentos em tratá-lo sempre com amor.

Está certo que não vamos nos desmanchar em afetividades com o bandido que nos assalta, ou coisa parecida; no entanto podemos enxergá-lo como um ser doente e distanciado provisoriamente dos conhecimentos espirituais, que certamente responderá por seus atos perante as leis de Deus. Tal pessoa já tem por si mesma uma carga pesada a resgatar. Essa visão nos facilitará pelo menos a condição de não alimentar o ódio. Uma compreensão maior dos fatos, com a certeza da Justiça Divina, facilita-nos a capacidade de perdoar. O perdão é necessário para que nós mesmos sejamos perdoados de nossos erros, conforme expressa a oração do "Pai Nosso":

"Perdoai as nossas dívidas assim como nós perdoamos aos nossos devedores."

Jesus poderia simplesmente ter dito: "Perdoai-nos" – mas complementou: "assim como nós perdoamos", porque essa é a lei, a condição e não há outra alternativa.

"Com a medida com que medirdes sereis medidos"...

O perdão ajuda a nos desvincularmos de cargas e elos negativos para o futuro.

Importa retornarmos ao mundo espiritual, quando nossa hora chegar, tendo cumprido as metas que nos propusemos alcançar. Não nos iludamos com as atrações da vida material, lembrando-nos de que ela é apenas o "meio", o "instrumento" para cumprirmos os objetivos do espírito. O bom proveito ***espiritual*** da encarnação será sempre o que devemos priorizar.

Isto é importante para que a vida tenha perante nós um verdadeiro sentido e se direcione adequadamente.

Aquele que apesar de tudo permanecer cético, incrédulo, nada desejando fazer em seu próprio benefício, apenas atrasará sua caminhada por um tempo — o que não lhe trará nenhuma vantagem — pois a própria vida, com suas leis, se encarregará de direcioná-lo. O custo porém, será um pouco mais alto. Existe o caminho mais fácil, que é aquele em que "nadamos a favor da corrente", ou seja, em harmonia com as diretrizes divinas. Mas nada impede que avancemos também da forma mais difícil e dolorosa, tropeçando em pedras, arranhando-nos em espinhos, se assim o decidirmos. A escolha é sempre nossa, como nossos também serão os resultados das decisões tomadas.

Capítulo 17

Uma nova vida

Pode assustar-nos pensar que uma alteração muito profunda na maneira de compreender a vida, acarretará fatalmente mudanças drásticas em nossa maneira de viver. Parece lógico.

Na realidade essas mudanças ocorrem, mas nem sempre se expressam com tanta intensidade exteriormente. Elas são mais interiores. O que muda essencialmente é o nosso posicionamento perante a existência, nossos valores. Mas não é uma mudança traumática. É natural. A criança não chora porque cresceu e largou a boneca. Simplesmente seu foco de interesse mudou e as novas perspectivas lhe parecem muito mais atraentes e compensadoras do que os brinquedos infantis. Os novos interesses lhe parecem mais válidos que os antigos. E assim ela corre com entusiasmo para as novas possibilidades.

Da mesma forma, a maturidade e compreensão da finalidade da vida na Terra certamente nos posicionarão de forma diferente ante tudo o que acontece. Os valores sofrem, sim, uma verdadeira reviravolta, com alteração nos focos de interesse; mas não impedirão que continuemos a viver nossa vida familiar, profissional, social, que tenhamos nosso lazer e múltiplas atividades, como sempre tivemos.

O que muda essencialmente, se as coisas foram bem compreendidas, é algo interno, a nível consciencial. Uma vontade grande de acertar, de tornar produtiva a encarnação, leva-nos a modificar tudo aquilo que vai contra os objetivos que devem ser alcançados.

Percebemos que a evolução nos dirige para um caminho onde a perfeição é o limite: perfeição em todos os sentidos. Caminhamos para a exaltação de nós mesmos, como seres que se tornarão possuidores da mais profunda sabedoria e amor. Mas para chegar a esse destino glorioso é necessário irmos deixando no percurso toda a carga desnecessária que nos atrapalha a caminhada, abandonando os comportamentos equivocados. Essa é a principal mudança em nossas vidas. Passarmos a pautar nossas atitudes pelas normas rígidas do bem incondicional. Uma contínua autoanálise, um esforço sincero para sermos melhores, mais bondosos e compreensivos para com o próximo, uma contenção dos impulsos agressivos e dominadores, a eliminação dos vícios, o respeito aos semelhantes, aos seus direitos, certamente nos ajudarão muito a cumprir as metas espirituais da existência. Isto é uma conseqüência normal do autoconhecimento e da necessidade de satisfazermos nossas aspirações interiores mais importantes, embora não seja fácil, pois estamos condicionados por hábitos e rotinas nem sempre condizentes com as verdadeiras necessidades do espírito. É necessário vontade e determinação.

Sentiremos também um impulso de algo fazer para que de alguma forma, mesmo que modestamente, possamos contribuir desinteressadamente para que o mundo seja melhor, para que menos pessoas sofram, para aliviar alguém, para levar um pouco de luz a quem permanece na escuridão. Deixemos fluir um amor espontâneo pelos seres que nos cercam, principalmente pelos mais humildes e carentes. Há muitos lugares onde podemos contribuir como voluntários. Também de forma particular podemos doar uma parcela de nosso trabalho profissional àqueles que não podem pagar, ou ajudar anonimamente os desafortunados das mais variadas maneiras. Muitas vezes podemos fazer alguém mais feliz apenas com um sorriso, ou uma palavra amiga que nada custa, a disposição de ouvir, conversar, substituindo vantajosamente uma possível indiferença ou uma rispidez desnecessária. A momentânea superioridade é uma ilusão própria das circunstâncias desta encarnação, e um indivíduo hoje aparentemente mais humilde, pode estar muito acima de nós em outras qualidades espirituais. É dito popular que com todas as pessoas sempre temos algo a aprender. Alguém pode ter cargo de importância e cultura, ser rico materialmente, mas pode ser pobre em paciência, resignação, respeito ao próximo etc., qualidades essas que podem ser abundantes em uma outra pessoa humilde, e assim por diante.

Pelo fato de nos esforçarmos por nos tornar melhores, de trabalharmos no burilamento próprio procurando desenvolver novas qualidades, eliminando comportamentos negativos, certamente o ambiente à nossa volta também melhorará significativamente. Devemos ter a consciência de que, se não somos perfeitos — e obviamente não somos — sempre haverá algo em que possamos melhorar. Também não devemos nos esquecer de que não podemos modificar "o outro", pois cada um tem o seu livre-arbítrio. Tudo o que podemos fazer é com relação a nós mesmos. Cada um somente poderá caminhar com as próprias pernas. Cada um tem seu próprio roteiro, como terá seu próprio mérito. Façamos a nossa parte, pois o mundo somente melhorará, quando cada um fizer a parte que lhe compete. Lembramos mais uma vez o que disse Paulo: "Cada um dará conta de si mesmo a Deus."

Uma nova vida com base em objetivos espirituais, pode ser muito alegre e feliz.

O que geralmente acontece conosco é que nos iludimos constantemente com os atrativos da vida material. Uma ***desilusão*** sempre segue a ilusão. Afinal ilusão é sinônimo de engano. E por mais dourado que seja o engano, sempre será engano. E vale a pena viver na ilusão? Não é mais verdadeiro e feliz viver dentro da realidade, com tudo o que ela pode nos oferecer de belo e bom, encarando também as dificuldades, mas sem correr o risco de que os sonhos falsos venham a se desfazer como uma bolha de sabão?

O ***viver*** fundamentado em valores verdadeiros dá segurança, solidez e tranqüilidade.

A vida deve ser plena, produtiva. O trabalho, em suas múltiplas formas, engrandece a existência. Seja ele profissional ou voluntário, ajuda o espírito a evoluir. Está claro que não estamos falando de atividades que resultem em algum tipo de prejuízo para o ser humano, mas de atividades benéficas para a sociedade de modo geral. Desenvolvemos habilidades, conhecimentos, que passam a fazer parte de nossa bagagem interior. Será muito útil manter uma atividade constante e desinteressada, ***voltada para o bem*** e para o progresso geral.

> O trabalho é uma lei para as humanidades planetárias, assim como para as sociedades do espaço. Desde o ser mais rudimentar até os Espíritos angélicos que velam pelos destinos dos mundos, cada um executa sua obra, sua parte, no grande concerto universal.
> Penoso e grosseiro para os seres inferiores, o trabalho suaviza-se à medida que o Espírito se purifica. Torna-se uma fonte de gozos para o Espírito adiantado, insensível às atrações materiais, exclusivamente ocupado com estudos elevados.
> É pelo trabalho que o homem doma as forças cegas da Natureza e preserva-se da miséria; é por ele que as civilizações se formam, que o bem-estar e a Ciência se difundem.
> O trabalho é a honra, é a dignidade do ser humano. O ocioso que se aproveita, sem nada produzir, do trabalho dos outros, não passa de um parasita. (Léon Denis)[1]

O homem espiritualizado nunca está ocioso. O trabalho é parte essencial de sua vida. É a ferramenta que lhe permite

1 DENIS, Léon. ***Depois da morte.*** Opus cit. p. 302.

crescer, desenvolver-se para o bem; portanto, se quer avançar na senda espiritual, nunca se permita ser um parasita da sociedade. Contribua sempre, partilhando a vida, onde estiver. Não se esqueça de que a vida nos devolve aquilo que semeamos, infalivelmente.

Muitas vezes as pessoas acham que para espiritualizar-se precisariam isolar-se do mundo material, viver reclusas ou afastadas da sociedade. Sem dúvida que o silêncio, a quietude, favorecem melhor a interiorização, mas isso pode ser encontrado mesmo em meio ao agito da vivência usual da criatura, embora requerendo maior esforço. Sempre é possível "fabricar" essas oportunidades, com alguma criatividade. O silêncio, no entanto, deve estar alternado com a convivência social. É no contato com o próximo, no convívio com as pessoas, que temos as maiores oportunidades de crescimento espiritual. É mais fácil viver isolado, longe dos problemas da existência, do que enfrentando a luta da vida. É essa luta que nos aprimora, que nos possibilita desenvolver as potencialidades latentes, que nos permite acertar os relacionamentos com o próximo, pagar as contas atrasadas, construir algo para um futuro melhor.

Porém sempre será bom reservar alguns momentos diários para o cultivo da vida espiritual. Dedicamos praticamente todas as horas do dia à vida material e suas necessidades, como se essa fosse a única realidade com que devêssemos preocupar-nos. Freqüentemente deixamos ao esquecimento o ser espiritual, esse que mais importa, o que sobrevive, o que leva consigo os resultados da experiência terrena.

Reservar alguns instantes todos os dias para reflexão, para interiorização, para ligação com o Alto, é essencial para melhorarmos nossas condições espirituais. Quando se adquire esse hábito, não se consegue mais viver sem ele; paradoxalmente, é difícil para quem não o tem, instituí-lo. Poderíamos chamá-lo um instante de prece, ou de meditação. São duas coisas que embora diferentes, unem-se harmoniosamente. Alguns minutos são suficientes.

Pela prece ligamo-nos ao poder infinito do Criador, abrimos o coração à fonte da Vida Maior para que jorre sobre nós com seus benefícios infinitos. Pelo "fio" do pensamento elevado colocamo-nos em contato e relação com os seres espirituais mais evoluídos, que correrão em nosso socorro, que ajudarão em nossas necessidades. A oração é praticada por todas as religiões do mundo e seus efeitos são sobejamente comprovados. A oração leva-nos a uma condição vibratória superior que nos permite receber energias de níveis mais altos e sutis. É um estado que nos propicia esse recebimento, pela qualidade vibracional elevada em que nos colocamos.

Nos ensina o espírito Emmanuel:

> Orar é identificar-se com a maior fonte de poder de todo o Universo, absorvendo-lhe as reservas e retratando as leis de renovação permanente que governam os fundamentos da vida.
> A prece impulsiona as recônditas energias do coração, libertando-as com as imagens de nosso desejo, por intermédio da força viva e plasticizante do pensamento, imagens essas que, ascendendo às Esferas Superiores, tocam as inteligências visíveis ou invisíveis que nos rodeiam, pelas quais comumente recebemos as respostas do Plano Divino, porquanto o Pai Todo-Bondoso se manifesta igualmente pelos filhos que se fazem bons.[2]

Prece não é peditório de desejos egoísticos. É antes de tudo um ato de ligação com Deus, de aceitação da Sua Vontade, onde pode haver a necessidade de um socorro, mas esse não é necessariamente o objetivo. A prece é a harmonização profunda de nossa realidade espiritual com Deus. Pode ter características diferentes: simplesmente ligação com o Alto, pode ser um ato de louvor, de gratidão, o pedido de socorro para coisas justas etc. É mais do que tudo um momento de *contato* com as fontes superiores da vida, um momento em

---

2 XAVIER, Francisco Cândido / Emmanuel. *Pensamento e Vida.* 6ª Ed. Rio de Janeiro, Feb, 1982, p. 121.

que nos colocamos em estado elevado e receptivo, possibilitando-nos haurir dos benefícios extraordinários que podem chegar até nós vindos dos planos superiores de existência. Além do mais, estejamos certos de que o hábito da prece nos trará proteção contínua, tão necessária neste mundo difícil em que hoje vivemos. Nada melhor do que iniciar o dia com base na oração, que funciona como um alimento mágico a dar-nos sustentação por todo o período.

Portanto, se desejamos realmente melhorar nosso desempenho espiritual, a prece não pode estar ausente do nosso dia-a-dia, sendo da maior necessidade que a tornemos prática constante.

É bom esclarecer ainda no que tange a este assunto, que sendo a prece uma *ligação* espiritual com o Alto, deve ser ***sentida*** e não meramente repetitiva. Não é a simples recitação de palavras decoradas. Cada palavra deve ser realmente dita com a mente e o coração, senão ***essa ligação não se estabelece***. Isto é importante.

Outro hábito importante a ser cultivado é o da ***meditação***.

A oração, embora diferente da meditação, as vezes com ela se confunde, como diz Huberto Rohden:

> A oração na sua forma mais genuína e intensa é a meditação, o silencioso colóquio ou a comunhão com Deus
> É absolutamente certo que o homem que não pratica, regular e intensamente, essa comunhão com Deus não é homem espiritual, e sua atividade no terreno social não produzirá resultados duradouros.[3]

Existem muitas formas de meditação. É uma prática que traz benefícios imensos, quase impossíveis de serem descritos num trabalho como este. É recomendada por todos os grandes mestres espiritualistas. A meditação é um

3 ROHDEN, Huberto. *A metafísica do cristianismo.* 4ª Ed. São Paulo, Alvorada, s.d., p.128.

assunto que já serviu de tema para muitos livros de autores conhecidos, assim também como é o caso da prece. Portanto apenas recomendamos seu estudo e prática.

Generalizando, podemos dizer que a meditação é um exercício de controle do pensamento, das emoções, de aquietação mental. A meditação disciplina a mente, geralmente inquieta e movediça, tranqüilizando-a, desenvolvendo o poder de concentração, o que além de ajudar a parte mental e espiritual, tem reflexos extremamente benéficos sobre o físico.

Vejamos comentários de alguns autores sobre a meditação, ajudando-nos a melhor compreendê-la:

> A meditação é uma atividade da consciência mental. Ela envolve uma parte da mente que observa, analisa e lida com o resto da mente. A meditação pode tomar muitas formas: a concentração dirigida unicamente a um objeto (interno), a tentativa de compreender algum problema pessoal, a geração de um amor irradiante por toda a humanidade, a prece a um objeto de devoção, ou a comunicação com nossa própria sabedoria interior. Sua meta final é despertar um nível de consciência extremamente sutil e utilizá-lo para descobrir a realidade, direta ou intuitivamente.[4] (Kathleen McDonald)

> A meditação é criativa, pois movimenta energias, produz efeitos definitivos, transmutações; suscita e evoca forças latentes e adormecidas, destrói a negatividade, constrói qualidades positivas. Em outras palavras, muda completamente a nossa vida."(Ângela M. Batà)[5]

> Quem quer que se determine a levar uma vida espiritual, tem que se dedicar diariamente algum tempo à meditação. Antes se poderia manter a vida física sem alimento do que a espiritual sem meditação. Os que não possam

4 MCDONALD, Kathleen. *Como Meditar.* São Paulo, Pensamento, s. d., p.16.

5 BATÀ, A. M. L. S. *Do eu inferior ao eu superior.* São Paulo, Pensamento, Cop. 1979, p. 101.

> dispor de meia-hora por dia, durante a qual se abstenham do mundo e sua mente receba uma corrente de vida dos planos espirituais, estão incapacitados para levar uma vida espiritual.[6] (Annie Besant)

> Um dos efeitos da meditação séria, é compreender um novo modo de perceber o mundo e relacionar-se com ele. Com base na experiência dos que o conseguiram, essa realização, e o caminho que leva a ela, trazem uma grande serenidade e paz interior, que permanecem estáveis mesmo diante de muita adversidade.[7] (Lawrence Le Shan)

> A eficiência da meditação se revela numa paulatina e imperceptível mudança de atitude fundamental em face de todas as ocorrências da vida.[8] (Huberto Rohden)

Existem técnicas simples de meditação, que unicamente visam a disciplinar a mente, fazê-la aquietar-se, concentrando-se em um único foco, como por exemplo a simples observação da respiração. Mesmo essa simples prática traz benefícios e resultados bastante compensadores. Comece sempre por um estado de relaxamento e quietude. Então, sentado com o tronco em posição ereta, fique apenas observando o ar entrar e sair dos pulmões, sem desviar-se para outros pensamentos, por dez a quinze minutos. Tente fazer isso todos os dias. Vale a pena experimentar. Aprofunde-se neste assunto, procure conhecê-lo melhor. O esforço para por em prática compensará imensamente.

No que diz respeito aos efeitos no corpo físico dos exercícios de meditação, vejamos estes comentários do dr. Deepak Chopra:

---

6 BESANT, Annie. *O poder do pensamento.* São Paulo, Pensamento, s.d., p.70.

7 LE SHAN, Lawrence. *Meditação Transcendental.* 3ª Ed. Rio de Janeiro, Record, Cop. 1974. p. 33.

8 ROOHDEN, Huberto. *Minhas Vivências.* São Paulo, Alvorada, s.d., p.188.

> Quando a consciência transcende e percebe que está alcançando um nível mais sutil de pensamento, fisicamente acontece uma nova projeção do funcionamento mente-corpo. O pensamento é apenas uma ponta do iceberg. A realidade maior consiste de bilhões de processos fisiológicos coordenados. Quando a consciência eventualmente chega ao estado de silêncio ou conscientização pura, a conexão mente-corpo está projetando seu melhor estado de funcionamento – nada é feito ao acaso ou sob stress. De fato, nesse estado, as tensões podem ser liberadas do sistema nervoso central porque não há mais qualquer tendência física para promovê-las. A este nível do eu, a fisiologia caminha automaticamente em direção de seu melhor funcionamento porque essa é, por natureza, a tendência do fluxo de inteligência.[9]

Inserimos estas observações para enfatizar a importância de introduzir a prece e a meditação como novos hábitos, para uma renovação positiva na vida. Se queremos investir em nós mesmos devemos esforçar-nos por encontrar os caminhos certos. Os métodos variados de meditação, embora diferentes em suas formas, conduzem geralmente a um mesmo resultado, que é a disciplina mental, a concentração de energias e a sua canalização para resultados benéficos e mais eficientes em nossas vidas. Promovem uma harmonização do nosso ser espiritual com o corpo físico, o que vai se refletir em melhores condições de saúde. Uma calma e tranqüilidade intensas começarão a fazer parte da vida, de forma permanente.

Se você acha difícil demais essa jornada espiritual, aconselhamos pelo menos experimentar. É conhecido que a natureza não dá saltos. Para se chegar ao fim de uma estrada é sempre necessário dar o primeiro passo, nada mais do que isso. Iniciada a caminhada, sua seqüência torna-se mais natural e fácil.

Ao encerrarmos esta parte, deixamos algumas palavras do espírito Emmanuel:

9 CHOPRA, Deepak. Opus cit. p. 227.

> Concentra-te, por alguns minutos, em companhia do Cristo, no barco de teus pensamentos mais puros, sobre o mar das preocupações cotidianas...
> Ele te lavará a mente eivada de aflições.
> Balsamizará tuas úlceras.
> Dar-te-á salutares alvitres.
> Basta que cales e sua voz falará no sublime silêncio.
> Oferece-lhe um coração valoroso na fé e na realização, e seus braços divinos farão o resto.
> Regressarás, então, aos círculos de luta, revigorado, forte e feliz.[10]

Este livro tem como objetivo dar algumas sugestões para o início de uma jornada espiritual, embasada em alguns conhecimentos essenciais. Acredito que, se você se dispuser a tentar seguir estas humildes proposições, certamente em pouco tempo começará a sentir reais benefícios para sua vida.

10 XAVIER, Francisco Cândido / Emmanuel. *Caminho, Verdade e Vida*. Rio de Janeiro, Feb, cap. 168.

Capítulo 18

Família e educação

A família é um dos núcleos mais importantes e controvertidos sobre a Terra. Deveria ser sempre uma reunião de convívio feliz entre os seus membros, mas as vezes é fruto das mais violentas discórdias e de acirrados problemas. É no agrupamento familiar doméstico que se unem os espíritos para suas tarefas comuns, para seus reajustes, resgates e missões. Por isso nem sempre o quadro é muito tranqüilo. Entretanto a sabedoria divina organiza a vida familiar de forma tal que o panorama é favorável ao estabelecimento do sentimento do amor desde o início. Os cônjuges se unem — ou deveriam se unir — através da afeição; os filhos são cercados — ou deveriam ser — de todo o carinho e como crianças frágeis são aconchegados aos corações paternos desde o nascimento.

Somente com o passar do tempo e a idade adulta, a verdadeira natureza espiritual do indivíduo se revela e suas tendências recônditas se manifestam. Surgem às vezes graves conflitos no lar. Por trás dos relacionamentos familiares é comum se reencontrarem espíritos adversos, inimigos desde um passado encarnatório remoto. Estão se reunindo sob o mesmo teto para corrigir erros antigos, através dos laços de amor que se estabelecem pela nova oportunidade. A família é o recurso divino para a harmonização dos espíritos. Mesmo assim continuam pesando as antigas animosidades, presentes ainda no lado inconsciente da mente. Por essa razão muitos relacionamentos familiares são difíceis, apesar de todos os esforços em contrário.

Da mesma forma unem-se numa família espíritos amigos e afeiçoados uns aos outros desde tempos antigos, para seguirem juntos em tarefas compartilhadas. Podemos reconhecê-los pelas afinidades naturais e prazerosas, pelo afeto que sentem uns pelos outros dentro do núcleo familiar. São as famílias felizes, harmoniosas, bem entrosadas.

É comum também que a mescla se estabeleça nos lares, reunindo espíritos amigos com alguns mais difíceis que precisam se harmonizar com o grupo.

De qualquer forma, a família é sempre o primeiro e principal território para o reajuste do espírito encarnado. Todos os esforços despendidos para vivermos bem uns com os outros dentro do lar são extraordinariamente proveitosos, independentemente do passado encarnatório de cada um. É também o primeiro centro de formação da criatura, e como tal, um dos mais poderosos elementos para construção da sociedade. Tanto do ponto de vista individual como social, a família é formadora de valores que irão se refletir na vida de cada indivíduo e no mundo em que vivemos.

Explica Edgard Armond:

> O lar familiar é um primeiro campo de reajuste e de experiências afetivas, onde a fraternidade e a tolerância podem ser exercitadas, visando a futura expansão do sentimento divino do amor espiritual.
> Acostumando-se a querer bem àqueles que são do mesmo sangue ou da mesma grei e estendendo a tolerância às gerações seguintes, de netos e bisnetos, vai crescendo essa capacidade afetiva, penetrando os homens no campo mais amplo e geral do amor aos semelhantes, extensivo, por fim, aos estranhos.[1]

---

1 ARMOND, Edgard. ***Enquanto é tempo.*** 1ª Ed. São Paulo, Aliança, 1982, p.14.

Normalmente os pais que recebem na Terra filhos dentro do lar que constituíram, assumiram com estes espíritos — antes da encarnação — o compromisso de acolhê-los para o convívio familiar, oferecer-lhes condições para seu aperfeiçoamento espiritual, razão pela qual é de extrema importância a formação e os valores que lhes possam transmitir, para que realmente tenham condições de cumprir na Terra as metas a que se propuseram. Criá-los com amor, passar-lhes valores morais, princípios elevados, será de suma importância; bem maior do que as condições econômicas que possamos propiciar-lhes. É importante ter filhos nesta vida, dar-lhes a guarida que necessitam, para facilitar o cumprimento dos compromissos assumidos antes da encarnação; desta forma damos a eles e a nós mesmos a oportunidade de progredir espiritualmente, não adiando para outras encarnações a programação que seria para a vida atual. Aqueles que se recusam a ter filhos prejudicam a si mesmos e aos espíritos que com eles tinham se comprometido numa tarefa comum. Maior número de filhos representa maiores oportunidades para reajustes espirituais.

Algumas vezes existe uma impossibilidade real para a gestação, ou outro impedimento bastante forte para a criação de filhos, o que pode refletir algum erro do passado que agora se projeta carmicamente, cerceando a oportunidade desejada. De qualquer forma é a justiça divina sempre se fazendo presente, de todas as formas, oferecendo os corretivos adequados a cada caso.

Se na Terra temos um núcleo familiar específico porém restrito, no mundo espiritual temos uma família bem maior, composta por todos os espíritos com os quais temos estabelecido laços de união desde os séculos e milênios, durante nossas andanças por este planeta, ou por onde quer que tenhamos estado. O amor e carinho que une os espíritos que se tornam amigos são sempre crescentes e fonte de alegria e felicidade no mundo espiritual. Quando alguns estão encarnados e outros não, aqueles que permanecem no mundo espiritual velam por seus queridos que se encontram nas experiências da Terra.

Existe ainda um outro lado nesta questão, pois nem todos aqueles com os quais convivemos anteriormente se tornaram amigos. Fizemos também inimizades e aqueles a quem prejudicamos no passado e que atualmente permanecem no lado espiritual da vida, muitas vezes nos perseguem, cultivando ódio e agressividade em seus corações, gerando problemas bastante graves para nossa existência atual, quer seja no âmbito familiar, no ambiente de trabalho, ou em qualquer outro setor de nossa atuação no mundo. Muitas vezes alimentam sentimentos de vingança, querendo prejudicar-nos de qualquer forma. São espertos e aguardam os momentos favoráveis para atacar-nos. Aproveitam-se de nossos pontos fracos para atingir-nos; ficam à espreita e conhecem nossas zonas vulneráveis. Quando lhes oferecemos ***sintonia*** através de atitudes reprováveis de comportamento, estabelecem contato vibratório conosco e armam "o bote". Por isso é proveitoso cultivarmos o hábito da prece, conduta reta e a sintonia vibratória com os planos elevados, o que estabelece uma barreira que os impede de agir. Mesmo assim, em casos mais sérios onde os conflitos são mais graves, ou quando damos muita condição para os ataques das sombras, freqüentemente é necessário lançarmos mão de práticas espirituais específicas que podem ajudar a resolver melhor essas pendências, como os trabalhos de desobsessão realizados nos centros espíritas. Estes trabalhos costumam trazer um bom alívio.

De qualquer forma, todos os nossos relacionamentos com espíritos encarnados ou desencarnados, quer sejam positivos, quer negativos, transformar-se-ão um dia em relacionamentos saudáveis e amorosos através dos recursos da reencarnação, ampliando cada vez mais a grande família espiritual a que pertencemos.

> Os laços de família não são destruídos pela reencarnação, como pensam certas pessoas. Pelo

> contrário, são fortalecidos e reapertados. O princípio oposto é que os destrói.
> Os espíritos formam no espaço, grupos ou famílias, unidos pela afeição, pela simpatia e a semelhança de inclinações. Esses Espíritos, felizes de estarem juntos, procuram-se. A encarnação só os separa momentaneamente, pois que, uma vez retornando à erraticidade, eles se reencontram, como amigos na volta de uma viagem. Muitas vezes eles seguem juntos na encarnação, reunindo-se numa mesma família ou num mesmo círculo, e trabalham juntos para o seu progresso comum.[2]

Pode acontecer também que antigos componentes de uma família, já ligados anteriormente pelos laços do bem querer, estejam momentaneamente separados no panorama terreno, podendo encontrar-se na vida como amigos, colegas, companheiros em algum tipo de convivência social ou profissional, estabelecendo-se prontamente aquela simpatia, aquela afinidade "inexplicável", mas que entendida à luz de uma visão espiritual, não tem nada de misteriosa. Igualmente, da mesma forma manifestam-se antipatias espontâneas, dificuldades no relacionamento com determinadas pessoas, quer sejam da mesma família, quer não, que aparentemente não se justificam, mas refletem desajustes do passado.

O ambiente familiar possibilita grandemente os acertos das contas pregressas, pela convivência diária, pelo compartilhar das alegrias e das dores, pela dedicação de uns para com os outros. Muitas vezes aqueles a quem defendemos hoje com todas as forças, por serem "sangue do nosso sangue", são justamente tremendos opositores de outras encarnações, as vezes inimigos ferrenhos do passado, que ali estão para o ajuste de contas e transformação dos sentimentos antagônicos em laços de amor. É a grande alquimia divina transmutando o mal em bem. É a misericórdia do Pai corrigindo com amor.

2 KARDEC, Allan. *O Evangelho segundo o Espiritismo*. Opus cit. Cap. IV: 18.

Os elementos dessa família espiritual verdadeira, autêntica, que nem sempre está junta na encarnação, reencontrar-se-ão sempre no mundo espiritual após as experiências vividas por cada um, reforçando cada vez mais a afeição que a todos une.

> Os verdadeiros laços de família não são, portanto, os da consangüinidade mas os da simpatia e da comunhão de pensamentos, que unem os espíritos, antes, durante e após a encarnação. Donde se segue que dois seres nascidos de pais diferentes podem ser mais irmãos pelo Espírito, do que se o fossem pelo sangue. (...) / Há portanto, duas espécies de famílias: as famílias por laços espirituais e as famílias por laços corporais. As primeiras, duradouras, fortificam-se pela purificação e se perpetuam no mundo dos Espíritos, através das diversas migrações da alma. As segundas, frágeis como a própria matéria, extinguem-se com o tempo, e quase sempre se dissolvem moralmente desde a vida atual.[3]

Mesmo considerando a provisoriedade da família consangüínea e as dificuldades que a época atual oferece para sua constituição, é ela o instrumento ideal de harmonização para os espíritos adversos e o cenário perfeito para o convívio amoroso entre os espíritos amigos.

Diante do sublime papel da família perante a espiritualidade, segue-se a importância da educação como fator de progresso geral.

Se os pais se compenetrassem da responsabilidade que lhes cabe em relação à boa formação dos filhos, sem dúvida os maiores problemas da sociedade seriam resolvidos. Acertariam-se as pendências entre os indivíduos favorecendo o bom relacionamento, assim como se formariam pessoas capacitadas para uma vida social saudável. Filhos bem criados não se transformam em bandidos e delinqüentes.

---

3 KARDEC, Allan. *O Evangelho segundo o Espiritismo*. Opus cit. p. 189 (Cap. XIV: 8)

Cabe também às autoridades constituídas, uma parcela bastante grande de responsabilidade pela formação do povo que comandam. No dia em que as autoridades e dirigentes dos países e nações concentrarem seus esforços na educação de seus povos — e não nos referimos somente à instrução, mas à transmissão de *valores morais* – o mundo será renovado. Se há tantas disciplinas nas escolas, por que não incluir entre elas a educação moral, o respeito à vida e ao semelhante, aos direitos humanos, o respeito à natureza? Costuma-se pregar a repressão e a força para combater o crime e a violência que proliferam na atualidade. Mas isso não resolve o problema, é apenas um paliativo. O bandido não deixará de ser bandido porque há um policial na esquina, ele procurará outro local. Ele deixará de ser bandido ***se os seus conceitos mudarem***, se estiver convencido de que está errado e isso somente a educação pode fazer. Para que ele não cresça com mentalidade de bandido é preciso um esforço conjunto de toda a sociedade para que tenha uma formação saudável. Por isso os países de primeiro mundo investem com seriedade em educação. No entanto os políticos corruptos não estão preocupados com essa questão, mas apenas com as vantagens pessoais que possam tirar de imediato do cargo que ocupam, esquecendo-se de que seus filhos e netos irão viver no mundo que estão ajudando a construir. Eles mesmos, em próximas encarnações, irão colher os frutos de seus atos no presente e esses frutos poderão ser bem amargos, em vidas bastante sofridas.

Como é notório e conhecido, a família é a base da sociedade. Homens que hoje prejudicam o mundo são aqueles que não tiveram formação adequada. Educar os pequenos é tarefa fundamental. Reeducar os adultos (!) é tarefa difícil mas extremamente necessária em grande parte da sociedade moderna! Faça-se o que for possível, pois o investimento compensa.

Educar, talvez seja esta a prioridade do mundo atual.

O mais difícil neste campo é compreender que a verdadeira educação é aquela que leva o indivíduo a conscientizar-se dos valores reais da vida; fazer com que cada um, por vontade própria, passe a ajustar-se a esses valores, porque ninguém pode obrigar ninguém a agir de uma ou de outra maneira. A consciência e o livre-arbítrio é que determinam nossas atitudes. Sempre será útil buscar os caminhos para levar os homens a essa conscientização, ou pelo menos devemos tentar.

Diz Huberto Rohden:

> Somente um homem educado pela consciência dos valores é que pode servir de pedra fundamental da harmonia social. Quando a ciência se integrar totalmente na consciência o mundo terá paz e ordem universal."
> Diz também: "O homem instruído é erudito – o homem educado é bom.[4]

Os homens cultos, instruídos, são de extrema importância para o progresso do mundo, mas de nada servirão seus conhecimentos se forem empregados a serviço da destruição e do mal. É preciso trabalhar o coração para que os homens sejam ***bons***. Numa família, a educação deve visar em primeiro lugar os princípios morais, pois aí sim se atenderá ao objetivo primordial da encarnação, que é o progresso espiritual da criatura. Pais e filhos deverão integrar-se na tarefa que se propuseram realizar em conjunto e que é do interesse de ambas as partes. Se o Estado complementar essa educação, então o mundo se renovará.

Isso não acontece grande parte das vezes, pois os pais em geral visam antes de mais nada às conquistas materiais, o bem estar social, à posição econômica, o ganhar a qualquer custo, mesmo que isso comprometa os valores essenciais. Não são muitos ainda aqueles que dão prioridade aos princípios do bem, da verdade e da justiça. O Estado proporciona ***instrução*** e nada mais. O que esperar de um mundo onde não se transmitem ***valores*** e onde as criaturas

4 ROHDEN, Huberto. ***Educação do homem integral***. 5ª. Ed. São Paulo, Alvorada, s.d., pgs. 47, 59.

não recebem orientação moral? Caso os pais não tenham condições de transmitir esses valores — e quantos estão nesta condição! — onde buscá-los?

Que comportamentos servem de exemplo para as crianças de hoje? Se lemos um jornal ou vemos um noticiário na TV, o que vemos além de desastres, crimes, guerras, perversões etc? E quanto mais sensacionalista a notícia, mais destaque tem e mais audiência. Observe-se um desenho animado, peça infantil por excelência; já perceberam que quase todos exibem lutas e violência? Que se pode dizer então de tudo o que se faz para adultos?

Educar com amor, visando fazer desabrochar na criatura todas as suas potencialidades de desenvolvimento cultural, mas também levando-a a tornar-se uma pessoa de bem, com sentimentos nobres, com valores morais e espirituais, para que seja no mundo um instrumento a serviço das causas superiores, das grandes realizações que ajudarão a humanidade a viver dias melhores, isso deveria ser a meta dos educadores, quer sejam eles pais de família, quer sejam entidades governamentais, ou representantes da mídia. Sabemos que grande parte da população não tem condições de transmitir princípios morais aos seus filhos, porque os próprios pais e educadores não os receberam. Por que não tentar suprir isso de alguma forma? Mais importante que conquistar o espaço e outras coisas extraordinárias que os homens vem tentando realizar é conseguirmos viver bem no espaço que temos. Queremos conhecer o Universo mas ainda não conseguimos conhecer a nós mesmos. Não há menosprezo à Ciência, ao contrário. Ela é muito importante. Trata-se apenas de estabelecer prioridades.

Cada um de nós de alguma forma é um educador. Educamos pelo que somos, pelo que fazemos. O exemplo fala mais alto geralmente, que um milhão de palavras. Dessa forma estamos contribuindo e sendo responsáveis pelo que transmitimos aos outros no âmbito de nossa influência. Assim diz o Espírito Emmanuel:

> Os raios de nossa influência entrosam-se com as emissões de quantos nos conhecem direta ou indiretamente, e pesam na balança do mundo para o bem ou para o mal.
> ... Nossos modos e costumes geram modos e costumes da mesma natureza em torno de nossos passos, mormente naqueles que se situam em posição inferior à nossa, nos círculos da experiência e do conhecimento.
> Nossas atitudes e atos criam atitudes e atos do mesmo teor, em quantos nos rodeiam, porquanto aquilo que fazemos atinge o domínio da observação alheia, interferindo no centro de elaboração das forças mentais de nossos semelhantes.
> O único processo, portanto, de reformar edificando é aceitar as sugestões do bem e praticá-las intensivamente, por meio de nossas ações.[5]

Vemos mais uma vez que a prática do bem, a vivência do amor ao próximo, não são meras recomendações de "carolismo" religioso, mas são bases para a harmonia e paz entre os homens e entre os povos, normas de vida espiritual da mais elevada sabedoria. É necessário vivenciá-las para que o espírito encarnado saia-se bem de suas experiências terrenas, para que não volte ao mundo dos Espíritos com seus débitos agravados requerendo mais dolorosos resgates. Todo o esforço será para que volte com progresso e melhoria do nível evolutivo, o que lhe proporcionará maiores condições de verdadeira felicidade e alegria.

5 XAVIER, Francisco C. ***Vinha de Luz.*** 7ª. Ed. Rio de Janeiro, Feb, 1978, p.179, cap. 76.

Capítulo 19

Espiritualidade e alegria

Viver é para todos. Viver bem é para poucos. Quanto ao viver bem, não é uma referência à suntuosidade da vida material, mas sim ao viver feliz, de forma harmoniosa com os objetivos da vida, com plenitude e alegria.

Viver centrado nos valores eternos não implica viver de forma triste, restrita e acabrunhada. Viver bem é viver com felicidade, com esperança, com metas a alcançar, com satisfação e amadurecimento. É descartar o inútil e ater-se ao que realmente importa. Isso não significa isolar-se do mundo, furtar-se aos prazeres legítimos, privar-se dos bons momentos da existência. No homem espiritualizado existe uma alegria interior diferente que o acompanha sempre. Não se dilui ante as dificuldades encontradas ou diante dos problemas que se apresentam durante a caminhada. Não se deixa perturbar, nem mesmo sofre tanto com as dores que a muitos massacra, pois conhece a ***transitoriedade*** dos males terrenos.

O homem espiritualizado é um homem alegre, porque tem fé, porque acredita em uma vida maior, eterna, assim como crê no amparo constante da Providência Divina.

Esta fé, esta certeza de uma realidade espiritual que supera nossas expectativas, é em si mesma uma fonte constante de felicidade, que independe dos acontecimentos terrenos. Proporciona um estado interior de paz e tranqüilidade. Aprecia-se a vida sob novos prismas, com encantadoras e fascinantes perspectivas, que não se limitam às frágeis condições que nos são oferecidas pelos artifícios da vida material. Crê-se em algo permanente, que não nos pode ser tirado, que a morte não ceifa, que a "ferrugem não come". Espera-se por um futuro indescritível, no qual nossas conquistas espirituais irão nos proporcionando cada vez melhores condições para maior e verdadeira felicidade, sempre crescente, através da eternidade.

Existe uma certa tendência de imaginarmos as pessoas espiritualizadas como pessoas taciturnas, tristes, que vivem a rezar e não desfrutam as alegrias da vida. Esta idéia é totalmente irreal, sendo fruto de falsa concepção religiosa.

Num pequeno e sugestivo livro sobre o "Sermão da Montanha", Swami Prabhavananda assim se expressa: "... espiritualidade e tristeza não andam juntas" — e comenta um aforismo de Patanjali que diz que "a mente purificada perde toda a letargia e melancolia e firma-se no contentamento". Temos ainda neste precioso livro um comentário de Swami Vivekananda, bastante curioso e interessante:

> O primeiro sinal de que alguém se está tornando religioso é sentir-se contente. Quando uma pessoa está melancólica, isso pode ser dispepsia, mas não é religião (...) / O que se pretende com semblantes sombrios? ...Se você estiver com o rosto carrancudo, não saia de casa neste dia; feche-se no quarto. Que direito tem você de levar essa perturbação pelo mundo afora?[1]

Evidentemente a vida tem momentos muito difíceis de serem ultrapassados e não queremos cair no exagero de preconizar que se sorria diante das desgraças. Mas podemos adotar uma postura de entendimento e compreensão diante do sofrimento. O amor e solidariedade para com nossos semelhantes nos permitem equilíbrio e tranqüilidade nas horas problemáticas, justamente por possuirmos uma visão

1 PRABAVANANDA, Swami. *O Sermão da Montanha.* 1ª Ed. São Paulo, Pensamento, Cop. 1963, p.107.

mais profunda e verdadeira dos acontecimentos, avaliando-os em sua justa natureza e significado.

A verdadeira alegria é um estado interior de satisfação derivado de um posicionamento correto diante da vida. Explica bem o espírito Nicanor:

> Referimo-nos ao sentimento que proporciona ao ser a consciência plena de sua união com a beleza harmoniosa da Vida. É conseqüência da fé nos próprios destinos e tem força de relegar a um plano secundário os obstáculos que parecem impedir a evolução. Pode ser definido como a paz conquistada através do reajustamento progressivo à vida espiritual superior. (...) / Ao espírito sequioso de evolução a alegria também é proporcionada através da certeza do Amor Divino a envolvê-lo. (...) / (...) o espírito vê o Universo em sua grandiosidade, a inspirar-lhe a certeza da própria destinação divina, como herdeiro dos bens da vida! Essa poderosa fé em Deus e em seu próprio destino desperta-lhe a alegria inebriante de participar da harmonia da Criação.[2]

Nascemos neste planeta e aqui temos todas as condições para crescermos e nos realizarmos espiritualmente. Estamos no lugar certo, com as pessoas certas, as oportunidades certas. Se agirmos dentro dos ditames das leis universais, evoluiremos com tranqüilidade e relativa felicidade, pelo menos aquela que é possível num mundo material e provisório, ainda relegado à condição de local de provas e expiações para espíritos devedores.

A Natureza é o presente que Deus nos deu, o cenário exuberante mantenedor da vida, que nos transmite generosamente um sentimento de alegria, beleza e felicidade. Na simples contemplação das belezas naturais, percebemos a solicitude de Deus para com os seus filhos encarnados.

---

2 MARQUES, América – W. B. P. Jimenez / Ramatis – Nicanor – Akenaton. *Mensagens do Grande Coração.* 7ª.Ed. Limeira, **EDITORA DO CONHECIMENTO**.

Um homem endurecido que ainda não consegue enxergar as maravilhas da natureza, tudo o que ela nos oferece de bom, é porque ainda não evoluiu suficientemente e ainda se encontra nos graus primitivos de seu desenvolvimento. Pior é o caso daqueles que se dedicam a destruir o que Deus nos legou no seu infinito amor, para que possamos ter uma vida satisfatória na Terra.

Existem tantas coisas simples e naturais que podem nos dar momentos legítimos de prazer e felicidade! Aprender a usufruí-las pode tornar nossa vida mais agradável.

As conquistas da civilização, em seus múltiplos aspectos, nos trazem benefícios incontáveis, tornando a vida bem mais fácil, proporcionando-nos condições extraordinárias de conforto, oferecendo recursos científicos para grandes empreendimentos nos mais diversos setores da atividade humana, enfim, dando-nos possibilidades fantásticas para o bem viver. Temos tudo para tornar a permanência na Terra prazerosa. Se aliarmos às condições naturais e belas da vida, as conquistas da ciência moderna e o posicionamento interior correto, não fazendo depender nossa felicidade das coisas passageiras ou mesmo de outras pessoas, teremos o necessário para uma vida satisfatória, ainda que nosso carma pessoal nos coloque provisoriamente em determinada situação que seja mais difícil.

A existência terrena não precisaria ser tão penosa como ainda é para muitos indivíduos. Nós somos responsáveis pelos males que hoje nos atingem. Nós é que erramos, destruímos, cometemos erros sem conta no passado, quando não continuamos a cometê-los no presente. A lei de justiça então se manifesta e o retorno inevitável é o sofrimento.

Mesmo neste contraditório existir, entremeado de alegrias e dores, o homem espiritualizado pode situar-se harmoniosamente diante da vida, através da compreensão de seu objetivo principal na existência, valorizando as oportunidades e benefícios que a vida lhe oferece. A dor pode ser suportada com mais leveza e nada deve perturbar sua paz interior.

De uma forma ou de outra um dia aprenderemos a viver com acerto e o mundo então chegará à sua condição de paraíso, como já foi narrado na ***Bíblia***; um paraíso com todas as conquistas da civilização moderna usadas da maneira correta, unindo os povos em fraternidade e solidariedade, como uma só família, onde o amor seja o sentimento predominante.

Parece isso uma utopia? Talvez, mas o mundo chegará a esse estágio e o processo depurativo para se alcançar essa condição já se iniciou. Porém esse é um outro assunto que fica para uma outra oportunidade, pois não podemos abordar todos os temas dentro do pequeno espaço deste modesto trabalho, que apenas pretende introduzir o pensamento dentro dos temas básicos da espiritualidade.

Se você nada encontrou de novidade neste livro, se tudo aquilo de que tratamos já faz parte de seus conhecimentos, isso é sinal de que tem uma base suficiente para caminhar por si mesmo. Já tem o necessário para avançar mais profundamente nos segredos do mundo espiritual. O caminho é longo e aqui delineamos apenas os passos iniciais. Avance sempre, pesquise e se surpreenderá a cada passo com novas descobertas, adentrando os mistérios da Vida Maior, que estamos tão longe ainda de desvendar por inteiro. O objetivo principal que temos em vista é o de tentar despertar aqueles que ainda não se encontraram espiritualmente, ou que se sintam com muitas dúvidas e sem rumo dentro de suas crenças. De qualquer forma esperamos que este trabalho tenha sido útil.

Se você se surpreendeu com alguns enunciados aqui propostos, detenha-se para refletir sobre esses pontos, busque novos esclarecimentos. A vida não é um passeio turístico e tem propósitos definidos. O que é verdadeiro por si mesmo não depende da nossa aceitação. As leis universais funcionam independentemente da nossa opinião pessoal e nos carregam no turbilhão de sua ação implacável.

Lembremo-nos da importância desta encarnação e procuremos utilizá-la para nosso melhor proveito. Seremos sempre responsáveis pelos rumos que dermos à nossa existência. Vivermos na ilusão, pelo comodismo de continuarmos numa rotina à qual já nos habituamos, em nada nos ajudará. Procuremos a verdade onde quer que ela esteja e com qualquer nome com que se apresente. Haveremos de encontrá-la, como disse Jesus, e ela nos libertará.

Disse Paulo: "Examinai tudo, retende o bem."[3] – Tenhamos a mente aberta, sem preconceitos, mas criteriosa, para não aceitarmos qualquer coisa que nos seja oferecida, sem exame, sem bom senso.

Lembremo-nos de que o conhecimento simplesmente, sem a prática, a nada nos credencia. Pouco adianta a maravilhosa planta de uma casa, apenas no papel, se não for executada. Assim também a espiritualidade se revela principalmente pela vivência do bem, pelo exemplo de vida de cada um e não pela teoria.

Em todas as religiões o princípio de amor ao próximo foi consagrado. A regra áurea ensinada por Jesus "Tudo o que vós quereis que os homens vos façam, fazei-lho também vós, porque esta é a lei e os profetas", já antes mencionada, é LEI UNIVERSAL e foi expressa de outras maneiras por outros povos. Podemos encontrá-la enunciada de forma semelhante no confucionismo, no budismo, hinduísmo, islamismo, sikhismo, jainismo, zoroastrismo, taoismo, judaísmo.[4]

Encontramos nesta lei o verbo *fazer*, que indica ação e não passividade. É diferente a condição de quem "não faz mal a ninguém" — mas também não faz bem algum — daquela de quem faz o bem, ajuda, ampara.

Jesus exaltou a necessidade da prática em detrimento da teoria. Os fariseus do Evangelho sabiam, mas não faziam e foram duramente criticados pelo Mestre, que terminou o extraordinário "Sermão da Montanha", resumo de seus ensinamentos, com as palavras:

---

3 Novo Testamento – Paulo – I Tess. 5: 21.

4 *Apud.* MAES, Hercílio (Ramatis). *O Evangelho à luz do Cosmo.* 9ª Ed. Limeira, **EDITORA DO CONHECIMENTO.**

> Todo aquele, pois que escuta estas minhas palavras **e as pratica**, assemelha-lo-ei ao homem prudente, que edificou as sua casa sobre a rocha; e desceu a chuva, e correram os rios, e assopraram os ventos, e combateram aquela casa, e não caiu, porque estava edificada sobre a rocha.
> E aquele que ouve estas minhas palavras, **e não as cumpre**, compara-lo-ei ao homem insensato, que edificou a sua casa sobre a areia; e desceu a chuva, e correram os rios, e assopraram os ventos, e combateram aquela casa, e caiu, e foi grande a sua queda.[5] (grifo nosso).

Cabe-nos *cumprir*, *praticar* os preceitos do bem, e isto não é fácil. Implica em toda uma reformulação interior, em uma mudança profunda na maneira de ser.

Existe um falso conceito da palavra "caridade", preconizada no Evangelho.

Muitos acham que praticar o bem, "fazer caridade", é dar algumas sobras aos pobres, contribuir para alguma instituição beneficente. Sem dúvida, tudo o que possa auxiliar alguém é útil de alguma maneira. Mas o verdadeiro sentido de *caridade* está muito além dessa deficiente interpretação. Podemos encontrá-lo nas magistrais palavras do apóstolo Paulo, na 1a Epístola aos Coríntios, onde deixa bem claro que a caridade verdadeira transcende o "dar", mostrando que é todo um posicionamento interior, uma maneira de sentir, de agir, de amar, de compreender.

Deixamos esta jóia da espiritualidade a você, leitor, para que medite sobre seus dizeres. Analise cada frase e descubra o verdadeiro sentido da caridade ensinada por todas as religiões do mundo:

> Ainda que eu falasse as línguas dos homens e dos anjos, e não tivesse caridade, seria como o metal que soa ou como o sino que tine.
> E ainda que tivesse o dom de profecia, e conhecesse todos os mistérios e toda a ciência, e

5 Novo Testamento – Jesus / Mateus 7: 24-27.

> ainda que tivesse toda a fé, de maneira tal que transportasse os montes, e não tivesse caridade, nada seria.
> E ainda que distribuísse toda a minha fortuna para sustento dos pobres, e ainda que entregasse o meu corpo para ser queimado, e não tivesse caridade, nada disso me aproveitaria.

Paulo começa então a definir a verdadeira caridade.

> A caridade é sofredora, é benigna; a caridade não é invejosa; a caridade não trata com leviandade, não se ensoberbece.
> Não se porta com indecência, não busca os seus interesses, não se irrita, não suspeita mal;
> Não folga com a injustiça, mas folga com a verdade;
> Tudo sofre, tudo crê, tudo espera, tudo suporta...
> ...Agora, pois, permanecem a fé, a esperança e a caridade, mas a maior destas é a caridade.[6]

Diante dessas palavras, o que você conclui? O que é caridade?

Caridade é amor. Todos os atos das criaturas devem estar impregnados de amor.

Desejo sinceramente que sua passagem por esta vida terrena deixe um marco de bondade, amor e esperança entre todos aqueles que com você conviverem. As conquistas materiais não têm importância. Que você seja lembrado como um ser bom, que fez o bem, que deixou um bom exemplo e que contribuiu de alguma forma para que o mundo fosse melhor. Que sua chegada ao mundo espiritual, quando for o momento, seja feliz, muito feliz! Até lá ainda há muito o que fazer aqui. Aproveitemos bem o tempo que nos resta.

6 Novo Testamento – Paulo – I Cor. 13: 1-7; 13.

Referências bibliográficas

ANDRADE, Hernani Guimarães, ***Reencarnação no Brasil.*** 1ª Ed. Matão, O Clarim, 1988.

ARMOND, Edgard. ***Enquanto é Tempo.*** 1ª Ed. São Paulo, Aliança, 1982.

__________ ***Passes e Radiações.*** São Paulo, Editora Aliança.

BANERJEE, Dr. H. N. ***Vida Pretérita e Futura.*** Rio de Janeiro, Nórdica [1979].

BATÀ, Ângela Maria La Sala. ***À Procura da Verdade*** . São Paulo, Pensamento, 1984.

__________ ***Maturidade Psicológica.*** São Paulo, Pensamento.

__________ ***Guia para o Conhecimento de Si Mesmo.*** São Paulo, Pensamento.

__________ ***O Caminho do Aspirante Espiritual.*** São Paulo, Pensamento.

__________ ***Do Eu Inferior ao Eu Superior.*** São Paulo, Pensamento. Cop. 1979.

BESANT, Annie. ***Reencarnação.*** São Paulo, Pensamento.

__________ ***Um Estudo Sobre o Karma.*** São Paulo, Pensamento, [1989].

__________ ***O Poder do Pensamento.*** São Paulo, Pensamento.

BHAGAVAD GITA – São Paulo, Pensamento, 1976.

BÍBLIA SAGRADA – Antigo e Novo Testamento.

BLAVATSKY, Helena. ***A Doutrina Secreta.*** Vol. 5. São Paulo, Pensamento, Cop. 1973.

__________ ***A Sabedoria Tradicional.*** São Paulo, Hemus, Cop. 1978.

BOZZANO, Ernesto. *A Crise da Morte.* 6ª Ed. Rio de Janeiro, Feb, 1987.

BRENNAN, Bárbara Ann. *Mãos de Luz*. São Paulo, Pensamento, [1990].

CHOPRA, Deepak. *Conexão Saúde.3ª* Ed. São Paulo, Best Seller.

DALAI LAMA e Howard C Cutler. *A Arte da Felicidade.* 1ª Ed. São Paulo, Martins Fontes, 2000.

DELANNE, Gabriel. *A Reencarnação.* 6ª Ed. Rio de Janeiro, Feb, 1987.

DENIS, Léon. *Depois da Morte*. 14ª Ed. Rio de Janeiro, Feb, 1987.

__________*O Problema do Ser, do Destino e da Dor.* 11ª Ed. São Paulo, Feb, 1979.

__________*Cristianismo e Espiritismo.* 8ª Ed. Rio de Janeiro, Feb, 1987.

FIGUEIREDO, Cinira Riedel de. *Sabedoria Esotérica.* São Paulo, Pensamento.

__________*Leis Ocultas para uma Vida Melhor.* São Paulo, Pensamento, 1973.

FIORE, Edith. *Você já Viveu Antes.* São Paulo, Record, Cop. 1978.

FRANCO, Divaldo (Joanna de Ângelis). *Estudos Espíritas.* Rio de Janeiro, Feb, Cop. 1958.

__________(Joanna de Ângelis). *No Limiar do Infinito.* 2ª Ed. Salvador, Alvorada, 1988.

GRANJA, Pedro. *Afinal Quem Somos?* 9ª Ed. São Paulo, 1982, Edicel.

HEINDEL, Max. *Conceito Rosacruz do Cosmos.* 2ª Ed. São Paulo, Fraternidade Rosacruz, 1977.

JINARAJADASA, C. *Fundamentos de Teosofia.* São Paulo, Pensamento.

KARDEC, Allan. *O Evangelho Segundo o Espiritismo*. São Paulo, Lake.

__________*O Céu e o Inferno.* 3ª Ed. São Paulo, Lake, 1979.

__________*O Livro dos Espíritos.* 38ª Ed. São Paulo, Lake, 1978.

KRISHNAMURTI, J. *Aos Pés do Mestre.* São Paulo, Pensamento, 1979.

LEADBEATER, C. W. *O Que há Além da Morte*. São Paulo, Pensamento, 1979.

_________*Os Chacras.* São Paulo, Pensamento.

LE SHAN, Lawrence. *Meditação Transcendental.* 3ª Ed. Rio de Janeiro, Record, Cop. 1974.

LORENZ, Francisco Valdomiro. *Raios de Luz Espiritual.* São Paulo, Pensamento.

MAES, Hercílio (Ramatis), *Elucidações do Além.* Rio de Janeiro, Freitas Bastos, 2ª. Ed. 1975.

_________(Ramatis), *O Evangelho à luz do Cosmo.* 1ª. Ed. Rio de Janeiro, Freitas Bastos

MARQUES, América – W. B. P. Jimenez / Ramatis – Nicanor – Akenaton. *Mensagens do Grande Coração.* 3ª.Ed. Rio de Janeiro, Freitas Bastos.

MCDONALD, Kathleen. *Como Meditar.* São Paulo, Pensamento.

MOODY JR, Raymond. *Vida Depois da Vida.* Rio de Janeiro, Nórdica.

_________*Investigando Vidas Passadas.* São Paulo, Cultrix.

MOREIL, André. *Vida e Obra de Allan Kardec.* Vol. 1. São Paulo, Edicel.

MULLER, E. Karl. *Reencarnação Baseada em Fatos.* 4ª Ed. São Paulo, Edicel, 1986.

NETHERTON, Morris (e Nancy Shiffrin). *Vidas Passadas em Terapia.* São Paulo, ARAI-JU, 1984.

POWELL, Arthur E. *O Corpo Astral.* São Paulo, Pensamento.

PRABAVANANDA, Swami. *O Sermão da Montanha.* 1ª Ed. São Paulo, Pensamento. Cop. 1963.

RAMACHARACA, Iogue. *A Vida Depois da Morte.* São Paulo, Pensamento, 1976.

_________*As Doutrinas Esotéricas das Filosofias e Religiões da Índia* . São Paulo, Pensamento, 1978.

_________*Jnana-Yoga.* 6ª Ed. São Paulo, 1968.

_________*Cristianismo Místico.* São Paulo, Pensamento.

_________*14 Lições de Filosofia Yogue.* São Paulo. Pensamento, 1977.

RIZZINI, Carlos Toledo. *Evolução para o Terceiro Milênio.* 6ª. Ed. São Paulo, Edicel, 1986.

RODRIGUES, Wallace Leal V. *Katie King* . 2ª Ed. Matão, S.P. , O Clarim, 1980.

ROHDEN, Huberto. *Einstein* . 4ª Ed. São Paulo, Alvorada, 1984.

_________*A Metafísica do Cristianismo.* 4ª Ed. São Paulo, Alvorada.

_________*Filosofia Cósmica do Evangelho.* 3ª Ed. São Paulo, Alvorada.

_________*Porque Sofremos.* 7ª Ed. São Paulo, Alvorada, 1984.

_________*Minhas Vivências.* São Paulo, Alvorada.

_________*Educação do Homem Integral.* 5ª. Ed. São Paulo, Alvorada.

SHAKESPEARE. *Hamlet.* Rio de Janeiro, J.B, 1984.

TAIMNI, I. K. *Autocultura à Luz do Ocultismo.* Rio de Janeiro, Grupo Annie Besant, 1980.

TRÊS INICIADOS. *O Caibalion.* Sào Paulo, Pensamento.

VIVEKANANDA, Swami. *Karma Yoga.* São Paulo, Pensamento.

WAMBACH, Dra. Helen. *Recordando Vidas Passadas.* São Paulo, Pensamento.

XAVIER, Francisco Cândido / Espírito André Luiz. *Ação e Reação.* 10ª Ed. Rio de Janeiro, Feb, 1985.

_________(André Luiz). *Evolução em Dois Mundos.* Rio de Janeiro, Feb, Cop. 1958.

_________(Emmanuel). *O Consolador.* 8ª Ed. Rio de Janeiro, Feb., 1980.

_________(Emmanuel.) *Pensamento e Vida.* 6ª Ed. Rio de Janeiro, Feb, 1982.

_________(Emmanuel) *Caminho, Verdade e Vida.* Rio de Janeiro, Feb.

_________(Emmanuel) *Vinha de Luz.* 7ª. Ed. Rio de Janeiro, Feb, 1978.

YOGANDA, Paramahansa. *Autobiografia de um Iogue.* São Paulo, Summus.

INTRODUÇÃO AO ESPIRITUALISMO
foi confeccionado em impressão digital, em agosto de 2011
Conhecimento Editorial Ltda
(19) 3451-5440 — conhecimento@edconhecimento.com.br
Impresso em Super Snowbright 70g. - Hellefoss AG

150 MANEIRAS DE PAPARICAR SUA ESPOSA

PRINCIPIOS PARACONSTRUIR UM RELACIONAMENTO